41. **Börsengesetz.** Vom 22. Juni 1896. Nebst den dazu erlassenen Ausführungsbestimmungen. Unter Mitwirkung des Geh. Ober-Regierungsrathes **A. Wermuth** bearbeitet von **H. Brendel,** Gerichts-Assessor, Hülfsarbeiter im Reichsamt des Innern. 1 M. 50 Pf.

42. **Grundbuchordnung** für das Deutsche Reich. Vom 24. März 1897. Von Prof. Dr. **O. Fischer.** 1 M.

43. Reichsgesetz über die **Zwangsversteigerung** und die **Zwangsverwaltung.** Vom 24. März 1897. Von Dr. **J. Krech,** Kaiserl. Geheimer Regierungsrath und Prof. Dr. **O. Fischer.** 1 M. 20 Pf.

44. Das Reichsgesetz über das **Auswanderungswesen** vom 9. Juni 1897 nebst Ausführungsverordnungen und Anlagen. Nach den Materialien und unter Benutzung amtlicher Quellen erläutert von Professor Dr. **Felix Stoerk.** 2 M. 25 Pf.

45. **Das Handwerkergesetz** vom 26. Juli 1897. Mit Einleitung und ausführlichen Erläuterungen von Dr. jur. **L. Wilhelmi,** Kais. Geh. Ober-Regierungsrath. In Vorbereitung.

46. Das Reichsgesetz über die **Angelegenheiten der freiwilligen Gerichtsbarkeit.** Mit Einleitung und Er-

läuterungen von **Herm. Jastrow**, Amtsgerichtsrath. Preis 1 M. 80 Pf.

47. Das **deutsche Vormundschaftsrecht** und das preuß. Gesetz, betr. die Unterbringung verwahrloster Kinder vom 13. März 1878. Mit Einleitung und Erläuterungen von **Max Schultzenstein**, Oberverwaltungsgerichtsrath und Amtsgerichtsrath Dr. **Köhne**. Preis 2 M. 80 Pf.

48. Gesetze und Verordnungen, betreffend den **Drogen-, Gift- und Farbenhandel** außerhalb der Apotheken unter besonderer Berücksichtigung des Königreichs Preußen. Von Dr. **Broh**, Rechtsanwalt. 1 M. 25 Pf.

49. Die **Kolonialgesetzgebung**. Von Professor Dr. **Philipp Zorn**. (In Vorbereitung.)

50. Der **Viehkauf** (Viehgewährschaft) nach dem Bürgerlichen Gesetzbuche. Text-Ausgabe mit Erläuterungen und Sachregister von Dr. **Hans Stölzle**, Rechtsanwalt in Kempten (Bayern). Mit einem Anhang: Verordnung, betreffend die Hauptmängel und Gewährsfristen beim Viehhandel. Vom 27. März 1899. Erläutert von Heinrich Weiskopf, Königl. Kreisthierarzt in Augsburg. ca. 1 M. 50 Pf.

Guttentag'sche Sammlung Preußischer Gesetze.
Text-Ausgaben mit Anmerkungen.

12. **Allg. Berggesetz** für die Preuß. Staaten. Von **E. Engels**, Ober-Bergrath. Zweite Auflage. 1 M. 60 Pf.

13. **Ergänzungssteuergesetz** (Vermögenssteuergesetz). Vom 14. Juli 1893. Von **A. Fernow**, Ober-Regierungsrath. Zweite vermehrte Auflage. 1 M.

14. **Kommunalabgabengesetz.** Vom 14. Juli 1893, und Gesetz wegen Aufhebung direkter Staatssteuern. Vom 14. Juli 1893. Von **F. Adickes**, Oberbürgermeister. Zweite Auflage. 1 M. 25 Pf.

15. Die **Kreisordnungen** für den Preußischen Staat. Von **O. Kolisch**, Landgerichtsrath. 4 M.

16. Preuß. Ausführungs-Anweisung zu §§. 16 u. ff. der Reichs-Gewerbe-Ordnung, betr. **Genehmigung gewerblicher Anlagen.** Von Dr. **von Rüdiger**, Regierungs- und Gewerberath. 1 M. 50 Pf.

17. Preußisches **Gerichtskostengesetz.** Vom 25. Juni 1895 nebst den durch das Gesetz vom 19. August 1895 hinzugefügten Bestimmungen. Mit Kostentabellen. Von Dr. **P. Siméon**, Gerichtsassessor. Zweite Auflage. 1 M. 60 Pf.

Guttentag'sche Sammlung
Nr. 48. Deutscher Reichsgesetze. Nr. 48.
Text-Ausgaben mit Anmerkungen.

Gesetze und Verordnungen

betreffend den

Drogen-, Gift- und Farbenhandel

außerhalb der Apotheken,

unter besonderer Berücksichtigung des Königreich Preußens.

Textausgabe mit Einleitung, Anmerkungen und Sachregister.

Herausgegeben von

Dr. Broh,

Rechtsanwalt in Berlin.

Berlin SW 48.
Wilhelmstraße 119/120.
J. Guttentag, Verlagsbuchhandlung,
G. m. b. H.
1899.

Vorwort.

In der Gerichtspraxis hat sich das Bedürfniß herausgestellt nach einer kurzgefaßten und vollständigen Sammlung aller geltenden Gesetze und Polizeiverordnungen, welche den Drogen-, Gift- und Farbenhandel außerhalb der Apotheken betreffen. Die vorliegende Sammlung soll sowohl den Juristen wie den Revisoren und Drogisten einen Ueberblick über sämmtliche noch giltigen hier in Frage kommenden gesetzlichen Bestimmungen gewähren. Der Text ist nur bei rechtlich zweifelhaften und praktisch besonders häufig in Betracht kommenden Stellen mit kurzen Anmerkungen versehen.

In einer längeren Einleitung habe ich zugleich den Versuch einer historischen und systematischen Einführung in die Materie gemacht.

Herrn Dr. Lebbin, Drogerien-Revisor beim Polizeipräsidium in Berlin und gerichtlichen Sachverständigen für den Drogen- und Gifthandel, danke ich herzlich für die Durchsicht der Arbeit.

Berlin, 1. März 1899.

Der Herausgeber.

Inhaltsverzeichniß.

Die thatsächlich im ganzen Reiche geltende, aber formell im Wege der einzelnen Landesgesetzgebungen eingeführte Polizeiverordnung über den Handel mit Giften (d. s. g. Giftgesetz) ist unter B Nr. II S. 74 abgedruckt.

Einleitung.

Der Handel mit Arzneimitteln und Giften war noch in den ersten Jahrzehnten dieses Jahrhunderts in den meisten deutschen Staaten hauptsächlich den Apotheken vorbehalten.

In Brandenburg-Preußen wurde diese Materie wiederholt gesetzlich geregelt, indem zugleich besondere Vorschriften gegeben wurden zur Verhütung des unbefugten Handels, welchen auf diesem Gebiete die Drogisten trieben. Die Kurfürstlich-Brandenburgischen Verordnungen vom 20. September und 24. November 1690 bestimmten bereits, daß die Läden der Drogisten — welche damals Materialisten genannt wurden — jährlich zweimal visitirt werden sollten. Die Materialisten sollten nichts weiter als „esculenta“ (Eßwaaren) verkaufen. Dies wurde ihnen durch die Königlich preußische Verordnung vom 17. Mai 1725 noch besonders eingeschärft.

Das bekannte preußische Medizinal-Edikt vom 27. September 1725 regelt auch den Gifthandel, jedoch im Wesentlichen nur unter Aufrechterhaltung der bisherigen

Bestimmungen. Die Materialisten durften ihr Gewerbe nur beginnen, nachdem sie einen besonderen Eid geleistet hatten, und durften weder Arzneien noch „giftige Simplicia noch Composita verschenken oder verkaufen". Die bei der Visitation ihrer Läden vorgefundenen Waaren, deren Vertrieb ihnen entzogen war, mußten versiegelt an das Ober-Collegium-Medicum „zu gehöriger Bestrafung" zugeschickt werden.

Naturgemäß konnte ein großer Theil der sogenannten Arzneiwaaren, sofern sie nicht als solche besonders hergestellt zu werden brauchten, sondern schon in rohem Zustande dazu dienten, und sofern sie nicht giftige Stoffe enthielten, dem Debit der Materialisten nicht entzogen werden. Denn insoweit fielen sie vielfach mit den „Spezereien" und Materialwaaren zusammen, welche von den Materialisten verkauft wurden. Eine feste Scheidung suchte die Revidirte Apotheker-Ordnung vom 11. Oktober 1801 herbeizuführen. Dieselbe bestimmte, daß den Materialisten kein Debit der präparirten Arzneimittel zustehe. Und „damit auch der zwischen den Apothekern und Materialisten über den privativen und culminativen Debit der rohen Arzneiwaaren seit vielen Jahren bestandene Streit für die Zukunft aufhören möge", wurde zugleich das Reglement vom 19. Januar 1802 erlassen, wonach ein bestimmter Theil roher Arzneiwaaren gemäß einem spezifizirten Verzeichniß den Drogisten freigegeben wurde. Dies Verzeichniß wurde durch das Reglement vom 16. September 1836 (Ges.S. 1837 S. 41) und die Bekanntmachung vom 29. Juli 1857 (Ges.S. S. 654) erheblich zu Gunsten der Drogisten erweitert. Gewisse andere Stoffe wurden durch diese Verordnungen den Drogisten für den Großhandel freigegeben, indem bestimmt wurde, daß nur der Detailhandel bis zu einem Gewicht von 2 Loth bezw. 1 Pfund den Apothekern ausschließlich vorbehalten bleiben sollte. Mit diesen Beschränkungen war somit allmählich der Handel mit Giften auch den Drogisten theilweise freigegeben worden.

Infolgedessen machte sich anderseits das Bedürfniß geltend, den Handel mit Giften außerhalb der Apotheken von einer besonderen Konzession abhängig zu machen. Dies Erforderniß stellte zuerst die preußische Gewerbeordnung vom 17. Januar 1845 auf. Die Konzession wurde abhängig gemacht von zwei Faktoren, der Unbescholtenheit und der Zuverlässigkeit des Gewerbetreibenden. Der Gifthandel ohne solche Konzession wurde unter Strafe gestellt durch § 345 ² des preußischen Strafgesetzbuchs vom 1. Juli 1851 (Ges.S. S. 93).

Durch das Gesetz vom 22. Juni 1861 betreffend die Abänderung einiger Bestimmungen der Allgemeinen Gewerbeordnung wurde das Erforderniß der Genehmigung nicht mehr für jeden Handel mit Giften, sondern nur noch für das Feilhalten von Giften vorgeschrieben. Nach der Judikatur des Reichsgerichts ist aber unter Feilhalten einer Waare nur das Bereithalten derselben zum Verkaufe an einer dem Publikum zugänglichen, zum Verkauf bestimmten Stelle zu verstehen. Danach ist für den Großhandel mit Giften eine Konzession nicht mehr erforderlich, jedoch vorausgesetzt, daß die engros zu vertreibenden Waaren gesondert von einem etwa daneben betriebenen Detailhandel lagern. Die Bestimmungen über den Verkehr mit Giften gelten jedoch auch für den Großhandel.

Noch in einer andern Beziehung enthält das Gesetz vom 22. Juni 1861 eine Erleichterung, indem nämlich das Erforderniß der Unbescholtenheit für die Ertheilung der Konzession fallen gelassen ist und nur noch der Nachweis der Zuverlässigkeit verlangt wird.

Auf Grund der Reichsgewerbeordnung § 6 Absatz 2 wurde alsdann der Handel mit Arzneimitteln durch Kaiserliche Verordnungen (z. B. diejenige vom 27. Januar 1890 (R.Ges.Bl. S. 9) und Nachträge) eingehend geregelt.

Der Handel mit Giften dagegen wurde durch die Reichsgewerbeordnung nicht geregelt und somit der bundesstaatlichen Gesetzgebung überlassen. Das Recht der Landesgesetzgebung, das Erfordernis einer besonderen Konzession zum Gifthandel aufzustellen, wurde ausdrücklich durch § 34 R.G.O. anerkannt. Danach sind die oben gedachten preußischen Gesetze noch in Kraft.

Am 29. November 1894 ertheilte sodann der Bundesrath seine Zustimmung zu einem Entwurf von Vorschriften betreffend den Verkehr mit Giften. Eine Regelung der Konzessionsfrage ist jedoch in diesen Vorschriften nicht enthalten. Dieser Beschluß des Bundesrathes wurde in den Bundes-Staaten im Wege der

Landesgesetzgebung zum Gesetz erhoben, in Preußen durch die Landespolizeiverordnung über den Handel mit Giften vom 24. August 1895. Somit gelten trotz landesgesetzlicher Regelung im ganzen Reiche die gleichen Bestimmungen.

Diesen Vorschriften lagen in der Hauptsache eine diesbezügliche Polizeiverordnung für den Regierungsbezirk Minden, welche sich schon bewährt hatte, sowie die Berathungen einer Sachverständigen-Kommission zu Grunde, welche am 26./28. Oktober 1891 unter dem Vorsitz des Direktors des Gesundheitsamtes Köhler tagte. Die Kommission setzte sich zusammen aus Mitgliedern des Gesundheitsamtes, Vertretern der Bundesstaaten, Apothekern, Fabrikanten, Großhändlern und Detailverkäufern von Drogen. Theilweise Berücksichtigung fanden auch die Vorschläge des Deutschen Drogisten-Verbandes, welcher seit 1875 für Schaffung eines einheitlichen Giftgesetzes in Deutschland agitirt hatte.

Im Folgenden soll nun ein kurzer Ueberblick über die hier in Betracht kommenden Bestimmungen gegeben werden.

1. Die Konzession.

Wie oben bereits ausgeführt, ist nach der jetzt noch giltigen preußischen Gewerbeordnungs-Novelle vom 27. Juni 1861 der Handel mit Giften außerhalb der Apotheken von einer behördlichen Genehmigung abhängig.

Die Frage, was als „Gift" anzusehen ist, ist je nach dem Standpunkte der Beurtheilung verschieden zu beantworten. Während in physiologischer bezw. medizinischer

Hinsicht als Gift diejenigen Stoffe aufzufassen sind, welche vermöge ihrer chemischen Beschaffenheit in kleiner Dosis geeignet sind, das animalische Leben zu zerstören oder zu gefährden — ist in der hier allein in Betracht kommenden rechtlichen Beziehung alles das Gift, was in den gesetzlichen Vorschriften ausdrücklich als Gift bezeichnet ist.

Die behördliche Konzession zum Gifthandel wird in den Städten unter 10000 Einwohnern vom Kreisausschusse, in größeren zu einem Landkreise gehörigen Städten vom Magistrat, in Städten, die einen eigenen Kreis bilden, vom Stadtausschusse nach Prüfung der persönlichen Verhältnisse ertheilt. Diese Prüfung erstreckt sich auch auf die moralische Qualifikation des Bewerbers; jedoch orientirt sich die Behörde über diesen Punkt durch eigene Anfrage bei der Ortspolizeibehörde, in Berlin auch noch bei dem Bezirksvorsteher. Die Beifügung eines Leumundszeugnisses des Bewerbers ist somit nicht erforderlich.

Vor allem aber ist die Vorlage der Approbation als Apotheker oder Chemiker erforderlich. Bewerber, welche nicht im Besitze einer solchen Approbation sind, müssen ein besonderes Befähigungszeugniß zum Gifthandel beibringen und zur Erlangung desselben sich einer Prüfung unterziehen. (Vgl. die Prüfungsordnung unter Nr. 3 S. 19.) Personen unter 18 Jahren werden zu der Prüfung nicht zugelassen. Die Prüfungsstelle ist der zuständige Bezirks- bezw. Kreisphysikus. Jedoch genügt in Berlin für den Handel mit Giften der dritten Abtheilung das Zeugniß eines approbirten Apothekers.

Die Konzession ist eine persönliche und kann nicht übertragen werden. Sie hat im Gegensatze zu der Schankkonzession den Charakter einer persönlichen und lebenslänglichen Approbation. Während die Schankkonzession nur für ein bestimmtes Lokal ertheilt wird, gilt die Erlaubniß zum Gifthandel für den ganzen Bezirk der konzessionirenden Behörde und für beliebig viel Betriebe, sofern ein nach § 45 G.O. qualifizirter Stellvertreter vorhanden ist. Die Ertheilung dieser Konzession ist auch nicht wie die Schankkonzession von der Bedürfnißfrage abhängig, sondern muß, wenn die persönlichen Eigenschaften des Bewerbers den gesetzlichen Anforderungen entsprechen, jedem ertheilt werden. Das Geschlecht begründet auch hier keinen Unterschied (§ 11 Abs. 1 der G.O.).

Die Konzession erlischt mit dem Tode des Inhabers. Lediglich die Wittwe des Konzessionars (für die Dauer des Wittwenstandes) und die minorennen Kinder des Erblassers können den Gewerbebetrieb auf Grund der einmal ertheilten Konzession fortsetzen, sofern ein Stellvertreter bestellt wird, welcher denselben Anforderungen wie ein Konzessionar zu genügen hat.

Die Stellvertretung kann auch zu Lebzeiten des Konzessionars für den ganzen oder einen Theilbetrieb statthaben, wenn der Vertreter den gedachten Anforderungen genügt. Der Vertretene bleibt jedoch neben dem Vertreter für dessen Handlungen haftbar. Vor der

Bestellung des Vertreters ist hierzu die Genehmigung derjenigen Behörde einzuholen, welche die Konzession ertheilt hat.

2. Der Gewerbebetrieb.

Der Gewerbebetrieb der Gifthändler ist nach zwei Seiten hin sehr detaillirten gesetzlichen Bestimmungen unterworfen, nämlich erstens bezüglich der Aufbewahrung und zweitens bezüglich der Abgabe der Gifte.

Die Aufbewahrung.

Die in den Ministerialvorschriften als Gifte bezeichneten Drogen und chemischen Verbindungen sind getrennt von allen anderen Waaren (Nichtgiften) insbesondere von Nahrungs- und Genußmitteln aufzubewahren.

Unter sich werden die Gifte nach dem Grade ihrer Gefährlichkeit wiederum in drei Kategorien eingetheilt und in verschiedener Weise vorsichtig aufbewahrt.

Die erste Abtheilung, welche die schwersten Gifte umfaßt, ist von beiden anderen Abtheilungen räumlich getrennt aufzustellen.

Die Trennung hat in der Weise zu erfolgen, daß die genannten schweren Gifte in einem besonderen verschlossenen Schrank mit dem für sie vorgeschriebenen Geräthe aufzubewahren sind. Dieser Schrank ist in einem besonderen vom Verkaufsraume getrennten Theile des Waarenlagers unterzubringen, der ebenfalls verschlossen zu halten ist und außer dem Giftschrank mit den Giften der Abtheilung I nur noch Gifte der beiden anderen Abtheilungen bergen darf, welche dann aber außerhalb des Giftschrankes aufzustellen sind. (Giftkammer).

Um auch äußerlich einen Unterschied zwischen den Giften, welche im Giftschranke verwahrt werden, und den anderen zu machen, sind diese Gifte mit schwarzen Schildern zu versehen, auf welchen die Namen mit weißer Schrift auszuführen sind, während alle übrigen Gifte (II. und III. Abtheilung) weiße Schilder und rothe Schrift haben müssen.

Bezüglich dieser beiden anderen Arten von Giften sind sonstige Vorschriften bezüglich der Aufbewahrung nicht gegeben, so daß nichts im Wege steht, dieselben im Verkaufsraume zur Aufstellung zu bringen, sofern sie nur getrennt von Nichtgiften bleiben und in den vorgeschriebenen Farben bezeichnet sind.

Erschwerungen bezüglich der Aufbewahrung sind für Phosphor sowie für metallisches Kalium und Natrium mit Rücksicht auf ihre Feuergefährlichkeit angeordnet.

Der Phosphor und seine Zubereitungen (außer Phosphorpillen) sind, obgleich zu den Giften der Abtheilung I gehörig, außerhalb des Giftschrankes in einem besonderen feuerfesten Behälter an einem frostfreien Orte aufzubewahren, und zwar der gewöhnliche Phosphor unter Wasser, um ihn von der Luft vollständig abzusperren.

Kalium und Natrium sind unter einer sauerstofffreien Flüssigkeit (Petroleum, Benzin, Paraffin) aufzuheben, ebenfalls um Selbstentzündungen vorzubeugen.

Erleichterungen bezüglich der Aufbewahrung sind für giftige Farben mit Ausnahme der Arsenfarben gewährt, wenn die Farben gebrauchsfertig, d. h. mit Oel, Lack und dergl. angerührt, vorräthig gehalten werden.

Die Abgabe von Giften.

Zur Abgabe von Giften ist nur der Geschäftsinhaber oder eine von ihm beauftragte Person befugt.

An Kinder unter 14 Jahren darf die Aushändigung nicht stattfinden. Die Abgabe der Gifte hat in dichten, festen und gut verschlossenen Gefäßen, welche mit dem Namen des betreffenden Giftes versehen sind, zu erfolgen.

Doch ist es für Gifte der II. und III. Abtheilung, sofern die Beschaffenheit der Gifte es zuläßt, gestattet, dichte, schließende Papierumhüllungen oder ähnliches zu benutzen.

Ist das betreffende Gift ein Ungeziefermittel, so ist der Packung außerdem eine Belehrung über die mit dem Gebrauch verknüpften Gefahren beizugeben.

Ganz besonders verboten ist es, als Abgabegefäße für Gifte solche Flaschen, Krüge oder Kochgefäße zu benutzen, welche schon ihrer Form und Bezeichnung nach zur Aufnahme von Nahrungs- oder Genußmitteln bestimmt sind.

Voraussetzung für die Abgabe von Giften aller drei Abtheilungen ist, daß der Käufer dem Verkäufer als zuverlässig bekannt ist und daß das Gift zu einem erlaubten gewerblichen, wirthschaftlichen, wissenschaftlichen oder künstlerischen Zweck Verwendung finden soll.

Ist dem Verkäufer die Person des Käufers oder der Zweck des Erwerbs nicht hinreichend nach der erwähnten Richtung bekannt, so darf die Abgabe des Giftes nur gegen einen behördlichen Erlaubnißschein erfolgen.

Für die Gifte der I. und II. Abtheilung ist außerdem noch die Ausstellung einer Empfangsbescheinigung (Giftschein) seitens des Erwerbers und Registrirung seitens des Verkäufers in einem besonderen Buche (Giftbuch) vorgeschrieben.

Für die Hantirung mit Giften ist ferner zur Vermeidung von Unglücksfällen die Benutzung gesonderter Geräthe (Waage, Löffel, Mörser u. s. w.) zur Bedingung gemacht. Von diesen ist ein Theil ausschließlich für den Gebrauch der Gifte der I. Abtheilung, ein anderer Theil zum gemeinsamen Gebrauch für die Gifte der II. und III. Abtheilung bestimmt und in den für die betreffenden Abtheilungen vorgeschriebenen Farben als Giftgeräth zu bezeichnen.

3. Prüfungsordnung.

Auf Grund des § 34 der R.G.O. bezw. des § 47 der preußischen G.O. machte durch Beschluß vom 3. Januar 1896 der Stadtausschuß für Berlin die Ertheilung der

Erlaubniß zum Handel mit Giften (Giftkonzession) für die Personen, welche nicht als Apotheker oder Chemiker approbirt sind, neben der Vorlage von Leumundszeugnissen von der Beibringung amtlicher Zeugnisse über genügende Fachkenntnisse abhängig.

Darauf hin erließ das Königliche Polizeipräsidium zu Berlin am 26. Februar 1896 eine vorläufige Prüfungsordnung unter gleichzeitiger Anweisung an die Bezirksphysiker, diese Prüfung abzunehmen und zutreffenden Falls den Prüflingen ein amtliches Befähigungszeugniß auszustellen.

Die Prüfung hat sich zu erstrecken

1) auf die gesetzlichen Bestimmungen betreffend den Verkehr mit Giften,
2) auf die physikalischen Eigenschaften der bekanntesten Giftstoffe,
3) auf die hauptsächlichsten Kapitel der Giftlehre.

Diese Prüfungsordnung ist auch von anderen Polizeibehörden, z. B. in Breslau, zur Grundlage gleicher Bestimmungen genommen worden.

A. Reichsgesetzliche Bestimmungen.

I. Bestimmungen aus der Reichs-Gewerbe-Ordnung.

§ 1 Absatz 1.

Der Betrieb eines Gewerbes ist Jedermann gestattet, soweit nicht durch dieses Gesetz Ausnahmen oder Beschränkungen vorgeschrieben oder zugelassen sind.

§ 6.

Das gegenwärtige Gesetz findet keine Anwendung auf die Fischerei, die Errichtung und Verlegung von Apotheken, die Erziehung von Kindern gegen Entgelt, das Unterrichtswesen, die advokatorische und Notariats-Praxis, den Gewerbebetrieb der Auswanderungsunternehmer und Auswanderungsagenten, der Versicherungsunternehmer und der Eisenbahnunternehmungen, die Befugniß zum Halten öffentlicher Fähren und die Rechtsverhältnisse der Schiffsmannschaften auf den Seeschiffen. — Auf das Bergwesen, die Ausübung der Heilkunde, den

Verkauf von Arzneimitteln, den Vertrieb von Lotterieloosen und die Viehzucht findet das gegenwärtige Gesetz nur insoweit Anwendung, als dasselbe ausdrückliche Bestimmungen darüber enthält.

Durch Kaiserliche Verordnung wird bestimmt, welche Apothekerwaaren dem freien Verkehr zu überlassen sind.[1])

§ 11 Absatz 1.

Das Geschlecht begründet in Beziehung auf die Befugniß zum selbständigen Betriebe eines Gewerbes keinen Unterschied.

§ 14 Absatz 1.

Wer den selbständigen Betrieb eines stehenden Gewerbes anfängt, muß der für den Ort, wo solches geschieht, nach den Landesgesetzen zuständigen Behörde gleichzeitig Anzeige davon machen. Diese Anzeige liegt auch demjenigen ob, welcher zum Betriebe eines Gewerbes im Umherziehen (Titel III) befugt ist.

§ 15.

Die Behörde bescheinigt innerhalb dreier Tage den Empfang der Anzeige.

Die Fortsetzung des Betriebes kann polizeilich verhindert werden, wenn ein Gewerbe, zu dessen

---

[1]) Vgl. Verordnung betr. den Verkehr mit Arzneimitteln vom 27. Januar 1890 (R.G.Bl. 1890 S. 9) und Nachträge (unten S. 39 ff.).

Beginn eine besondere Genehmigung erforderlich ist, ohne diese Genehmigung begonnen wird.[1][2])

§ 34 Absatz 3.

Die Landesgesetze können vorschreiben, daß zum Handel mit Giften und zum Betriebe des Lootsengewerbes besondere Genehmigung erforderlich ist, imgleichen, daß das Gewerbe der Markscheider nur von Personen betrieben werden darf, welche als solche geprüft und konzessionirt sind.[3])

§ 35 Absatz 4 bis 6.

Der Handel mit Droguen und chemischen Präparaten, welche zu Heilzwecken dienen, ist zu untersagen, wenn die Handhabung des Gewerbebetriebes Leben und Gesundheit von Menschen gefährdet.[4])

Ist die Untersagung erfolgt, so kann die Landes-Zentralbehörde oder eine andere von ihr zu bestimmende Behörde die Wiederaufnahme des Gewerbebetriebes gestatten, sofern seit der Untersagung mindestens ein Jahr verflossen ist.

---

[1]) Während § 14 und § 15 Abs. 1 nur von der Anzeige des Gewerbebetriebes handelt, springt § 15 Abs. 2 auf die Genehmigung bezw. die Eröffnung eines Betriebes ohne solche Genehmigung über, gehört also systematisch unter die §§ 29 ff., 34.

[2]) Hiergegen steht der Beschwerdeweg bei der höheren Polizeiinstanz offen.

[3]) Auf Grund dieser Bestimmung ist der weiter unten abgedruckte § 49 der preußischen G.O. noch gültig.

[4]) Zu § 35. Vgl. oben § 15 Abs. 2.

Personen, welche die in diesem Paragraphen bezeichneten Gewerbe beginnen, haben bei Eröffnung ihres Gewerbebetriebes der zuständigen Behörde hiervon Anzeige zu machen.

§ 40.

Die in den §§ 29 bis 33a und im § 34 erwähnten Approbationen und Genehmigungen dürfen weder auf Zeit ertheilt, noch vorbehaltlich der Bestimmungen in den §§ 33a, 53 und 143 widerrufen werden.

Gegen Versagung der Genehmigung zum Betriebe eines der in den §§ 30, 30a, 32, 33, 33a und 34 sowie gegen Untersagung des Betriebes der in den §§ 33a, 35 und 37 erwähnten Gewerbe ist der Rekurs zulässig. Wegen des Verfahrens und der Behörden gelten die Vorschriften der §§ 20 und 21.

§ 20.

Gegen den Bescheid ist Rekurs an die nächst vorgesetzte Behörde zulässig, welcher bei Verlust desselben binnen vierzehn Tagen, vom Tage der Eröffnung des Bescheides an gerechnet, gerechtfertigt werden muß.

Der Rekursbescheid ist den Parteien schriftlich zu eröffnen und muß mit Gründen versehen sein.

§ 21.

Die näheren Bestimmungen über die Behörden und das Verfahren, sowohl in der ersten als in der Rekurs-Instanz, bleiben den Landesgesetzen vorbehalten.[1]) Es sind jedoch folgende Grundsätze einzuhalten:

---

[1]) In Preußen: Gesetz über die allgemeine Landesverwaltung. Vom 30. Juli 1883 (Ges.S. S. 195). §§ 50 ff., 61 ff.

1. In erster oder in zweiter Instanz muß die Entscheidung durch eine kollegiale Behörde erfolgen. Diese Behörde ist befugt, Untersuchungen an Ort und Stelle zu veranlassen, Zeugen und Sachverständige zu laden und eidlich zu vernehmen, überhaupt den angetretenen Beweis in vollem Umfange zu erheben.
2. Bildet die kollegiale Behörde die erste Instanz, so ertheilt sie ihre Entscheidung in öffentlicher Sitzung, nach erfolgter Ladung und Anhörung der Parteien, auch in dem Falle, wenn zwar Einwendungen nicht angebracht sind, die Behörde aber nicht ohne weiteres die Genehmigung ertheilen will, und der Antragsteller innerhalb vierzehn Tagen nach Empfang des, die Genehmigung versagenden oder nur unter Bedingungen ertheilenden Bescheides der Behörde auf mündliche Verhandlung anträgt.
3. Bildet die kollegiale Behörde die zweite Instanz, so ertheilt sie stets ihre Entscheidung in öffentlicher Sitzung, nach erfolgter Ladung und Anhörung der Parteien.
4. Als Parteien sind der Unternehmer (Antragsteller), sowie diejenigen Personen zu betrachten, welche Einwendungen erhoben haben.
5. Die Oeffentlichkeit der Sitzungen kann unter entsprechender Anwendung der §§ 173 bis 176 des Gerichtsverfassungsgesetzes ausgeschlossen oder beschränkt werden.

§ 42a Absatz 1 und 2.

Gegenstände, welche von dem Ankauf oder Feilbieten im Umherziehen ausgeschlossen sind, dürfen auch innerhalb des Gemeindebezirks des Wohnortes oder der gewerblichen Niederlassung von Haus zu

Haus oder auf öffentlichen Wegen, Straßen, Plätzen oder an anderen öffentlichen Orten nicht feilgeboten oder zum Wiederverkauf angekauft werden, mit Ausnahme von Bier und Wein in Fässern und Flaschen und vorbehaltlich des nach § 33 erlaubten Gewerbebetriebes.

Die zuständige Landesregierung ist befugt, soweit ein Bedürfniß dazu obwaltet, anzuordnen, daß und inwiefern weitere Ausnahmen von diesem Verbote stattfinden sollen.

§ 45.

Die Befugnisse zum stehenden Gewerbebetriebe können durch Stellvertreter ausgeübt werden; diese müssen jedoch den für das in Rede stehende Gewerbe insbesondere vorgeschriebenen Erfordernissen genügen.[1])

§ 46.

Nach dem Tode eines Gewerbetreibenden darf das Gewerbe für Rechnung der Wittwe während des Wittwenstandes,[2]) oder, wenn minderjährige

[1]) Der sog. Filialist, d. h. Vorsteher einer Filiale ist ein Stellvertreter im Sinne des § 45. Bloße Gewerbegehülfen dagegen, denen keine selbständige Geschäftsführung zusteht, sind nicht als Stellvertreter anzusehen. Vgl. auch den Bescheid des Berliner Polizeipräsidenten (C. Nr. XI) und die Bekanntmachung des Stadtausschusses vom 7. Mai 1896 (C. Nr. IV).

[2]) Die Konzession einer Ehefrau kann dagegen von dem Wittwer nicht in dieser Weise verwerthet werden, wohl aber für den Fall, daß minderjährige Kinder vorhanden sind, deren gesetzlicher Vertreter er ist.

Erben vorhanden sind, für deren Rechnung durch einen nach § 45 qualifizirten Stellvertreter[1]) betrieben werden,[2]) insofern die über den Betrieb einzelner Gewerbe bestehenden besonderen Vorschriften nicht ein Anderes anordnen. Dasselbe gilt während der Dauer einer Kuratel oder Nachlaßregulirung.[3])[4])

§ 47 Absatz 1.

Inwiefern für die nach den §§ 34 und 36 konzessionirten oder angestellten Personen eine Stellvertretung zulässig ist, hat in jedem einzelnen Falle die Behörde zu bestimmen, welcher die Konzessionirung oder Anstellung zusteht.

---

[1]) Die Wittwe braucht keinen Stellvertreter, falls sie selbst das Geschäft führt.

[2]) Nach dem Wortlaute wird nicht gerade ein „Weiterbetrieb" vorausgesetzt, sodaß demnach die Vergünstigung nicht bloß der Fortführung eines bereits bestehenden Betriebes zu Gute kommt. Es erscheint danach möglich, daß eine Wittwe auf Grund einer dem Erblasser ertheilten Konzession den Gifthandel beginnen darf, obwohl der Erblasser selbst zur Zeit seines Ablebens einen solchen nicht betrieben hat.

[3]) Einer Ausdehnung des Gewerbes, z. B. Gründung von Filialen, steht nichts im Wege.

[4]) Bei Lebzeiten des Konzessionars kann die Ehefrau auf Grund der dem Ehemann ertheilten Konzession den Betrieb nicht fortsetzen, falls der Ehemann ihr das Geschäft überträgt. Der Ehemann bedarf jedoch in solchem Falle keiner besonderen Genehmigung als Stellvertreter.

§ 53 Absatz 1 und 2.

Die in dem § 29 bezeichneten Approbationen können von der Verwaltungsbehörde nur dann zurückgenommen werden, wenn die Unrichtigkeit der Nachweise dargethan wird, auf Grund deren solche ertheilt worden sind,[1]) oder wenn dem Inhaber der Approbation die bürgerlichen Ehrenrechte aberkannt sind, im letzteren Fall jedoch nur für die Dauer des Ehrenverlustes.

Außer aus diesen Gründen können die in den §§ 30, 30a, 32, 33, 34 und 36 bezeichneten Genehmigungen und Bestallungen in gleicher Weise zurückgenommen werden, wenn aus Handlungen oder Unterlassungen des Inhabers der Mangel derjenigen Eigenschaften, welche bei der Ertheilung der Genehmigung oder Bestallung nach der Vorschrift dieses Gesetzes vorausgesetzt werden mußten, klar erhellt.[2])[3]) Inwiefern durch die Handlungen

---

[1]) Nach der Praxis des Berliner Stadtausschusses, auch wenn sich die Unzuverlässigkeit des Inhabers in Bezug auf *andere* Theile des Gewerbebetriebes (z. B. umfangreicher Handel mit verbotenen Arzneimitteln) herausstellt.

[2]) Dies kann nur im Wege des Verwaltungsstreitverfahrens auf Grund einer von der Polizeibehörde zu erhebenden Klage gegen den Inhaber der Konzession durch das zuständige Verwaltungsgericht (Bezirks- bezw. Stadtausschuß) geschehen.

[3]) Vgl. unten § 151 über die Verfehlungen der Stellvertreter.

oder Unterlassungen eine Strafe verwirkt ist, bleibt der richterlichen Entscheidung vorbehalten.

§ 54.

Wegen des Verfahrens und der Behörden, welche in Bezug auf die untersagte Benutzung einer gewerblichen Anlage (§ 51), auf die Untersagung eines Gewerbebetriebes (§ 35), und die Zurücknahme einer Approbation, Genehmigung oder Bestallung (§§ 33a, 53) maßgebend sind, gelten die Vorschriften der §§ 20 und 21 [1]).

§ 56 Absatz 1 und 2.

Beschränkungen, vermöge deren gewisse Waaren von dem Feilhalten im stehenden Gewerbebetriebe ganz oder theilweise ausgeschlossen sind, gelten auch für deren Feilbieten im Umherziehen.

Ausgeschlossen vom Ankauf oder Feilbieten im Umherziehen sind: . . . .

9. Gifte und gifthaltige Waaren, Arznei- und Geheimmittel.

§ 147 Nr. 1.

Mit Geldstrafe bis zu dreihundert Mark und im Unvermögensfalle mit Haft wird bestraft:

1. Wer den selbständigen Betrieb eines stehenden Gewerbes, zu dessen Beginn eine besondere polizeiliche Genehmigung (Konzession, Approbation, Bestallung) erforderlich ist, ohne die

---

[1]) Oben abgedruckt hinter § 40.

vorschriftsmäßige Genehmigung unternimmt oder fortsetzt, oder von den in der Genehmigung festgesetzten Bedingungen abweicht.[1])

§ 148 Absatz 1 und 4.

Mit Geldstrafe bis zu einhundertfünfzig Mark und im Unvermögensfalle mit Haft bis zu vier Wochen wird bestraft:

1. wer außer den im § 147 vorgesehenen Fällen ein stehendes Gewerbe beginnt, ohne dasselbe vorschriftsmäßig anzuzeigen;
4. wer der nach § 35 gegen ihn ergangenen Untersagung eines Gewerbebetriebes zuwiderhandelt, oder die im § 35 vorgeschriebene Anzeige unterläßt.

§ 151.

Sind bei der Ausübung des Gewerbes polizeiliche Vorschriften von Personen übertreten worden, welche der Gewerbetreibende zur Leitung des Betriebes oder eines Theiles desselben oder zur Beaufsichtigung bestellt hatte, so trifft die Strafe diese letzteren. Der Gewerbetreibende ist neben denselben strafbar, wenn die Uebertretung mit seinem Vorwissen begangen ist, oder wenn er bei der nach den

---

[1]) Da hier ein Vergehen vorliegt, so kommen auch die Bestimmungen des Reichsstrafgesetzbuchs über Versuch, Beihülfe und Begünstigung in Frage. Außerdem kann auf Grund des § 40 St.G.B. auf Einziehung der Gifte erkannt werden.

Verhältnissen möglichen eigenen Beaufsichtigung des Betriebes, oder bei der Auswahl oder der Beaufsichtigung der Betriebsleiter oder Aufsichtspersonen es an der erforderlichen Sorgfalt hat fehlen lassen.

Ist an eine solche Uebertretung der Verlust der Konzession, Approbation oder Bestallung geknüpft,[1]) so findet derselbe auch als Folge der von dem Stellvertreter begangenen Uebertretung statt, wenn diese mit Vorwissen des verfügungsfähigen Vertretenen begangen worden. Ist dies nicht der Fall, so ist der Vertretene bei Verlust der Konzession, Approbation u. s. w. verpflichtet, den Stellvertreter zu entlassen.

§ 155 Absatz 1.

Wo in diesem Gesetze auf die Landesgesetze verwiesen ist, sind unter den letzteren auch die verfassungs- oder gesetzmäßig erlassenen Verordnungen verstanden.

II. Aus dem Reichsstrafgesetzbuch.

§ 40 Absatz 1, 2.

Gegenstände, welche durch ein vorsätzliches Verbrechen oder Vergehen[2]) hervorgebracht, oder welche

---

[1]) Vgl. § 53 G.O.

[2]) Der unbefugte gewerbsmäßige Handel mit Giften qualifizirt sich als ein Vergehen gemäß § 147 Nr. 1 G.O. und § 1 R.Str.G. Vgl. unten Anmerkung 1 zu § 367 R.Str.G.

zur Begehung eines vorsätzlichen Verbrechens oder Vergehens gebraucht oder bestimmt sind, können, sofern sie dem Thäter oder einem Theilnehmer gehören, eingezogen werden.

Die Einziehung ist im Urtheile auszusprechen.[1])

§ 367 Nr. 3 und 5.

Mit Geldstrafe bis zu einhundertfünfzig Mark oder mit Haft[2]) wird bestraft:

3. wer ohne polizeiliche Erlaubniß Gift[3]) oder Arzneien,[4]) soweit der Handel mit denselben nicht freigegeben ist, zubereitet, feilhält, verkauft oder sonst an Andere überläßt;
5. wer bei der Aufbewahrung oder bei der Beförderung von Giftwaaren, Schießpulver oder Feuerwerken, oder bei der Aufbewahrung, Beförderung, Verausgabung oder Verwen-

---

[1]) Auch dann, wenn bereits zuvor eine Einziehung seitens der Polizeibehörde erfolgt ist.

[2]) Zu beachten ist der Unterschied in § 147 R.G.O. Dort ist nur im Unvermögensfalle die Haft zu substituiren.

[3]) Der unbefugte Handel mit Gift kann in Preußen schwerer bestraft werden und stellt sich hier nicht als bloße Uebertretung, wie solche § 367 R.Str.G. konstituirt, dar, sondern als Vergehen. Vgl. hierüber oben §§ 34, 147 ff. R.G.O. und den unten folgenden § 49 der preußischen G.O. sowie § 2 des Einführungsgesetzes zum Str.G.B. vom 31. Mai 1870 (B.G.Bl. S. 195).

[4]) Vgl. die unten S. 39 ff. folgenden Kaiserlichen Verordnungen betr. den Verkehr mit Arzneimitteln.

dung von Sprengstoffen oder anderen explodirenden Stoffen, oder bei Ausübung der Befugniß zur Zubereitung oder Feilhaltung dieser Gegenstände, sowie der Arzneien die deshalb ergangenen Verordnungen nicht befolgt.

III. Aus der Strafprozeßordnung.

Achter Abschnitt.

Beschlagnahme und Durchsuchung.

§ 94.

Gegenstände, welche als Beweismittel für die Untersuchung von Bedeutung sein können oder der Einziehung unterliegen, sind in Verwahrung zu nehmen oder in anderer Weise sicher zu stellen.

Befinden sich die Gegenstände in dem Gewahrsam einer Person und werden dieselben nicht freiwillig herausgegeben, so bedarf es der Beschlagnahme.

§ 95.

Wer einen Gegenstand der vorbezeichneten Art in seinem Gewahrsam hat, ist verpflichtet, denselben auf Erfordern vorzulegen und auszuliefern.

Er kann im Falle der Weigerung durch die im § 69 bestimmten Zwangsmittel hierzu angehalten werden. Gegen Personen, welche zur Verweigerung des Zeugnisses berechtigt sind, finden diese Zwangsmittel keine Anwendung.

§ 98.

Die Anordnung von Beschlagnahmen steht dem Richter, bei Gefahr im Verzug auch der Staatsanwaltschaft und denjenigen Polizei- und Sicherheitsbeamten zu, welche als Hülfsbeamte der Staatsanwaltschaft den Anordnungen derselben Folge zu leisten haben.

Ist die Beschlagnahme ohne richterliche Anordnung erfolgt, so soll der Beamte, welcher die Beschlagnahme angeordnet hat, binnen drei Tagen die richterliche Bestätigung nachsuchen, wenn bei der Beschlagnahme weder der davon Betroffene noch ein erwachsener Angehöriger anwesend war, oder wenn der Betroffene und im Falle seiner Abwesenheit ein erwachsener Angehöriger desselben gegen die Beschlagnahme ausdrücklichen Widerspruch erhoben hat. Der Betroffene kann jederzeit die richterliche Entscheidung nachsuchen. So lange die öffentliche Klage noch nicht erhoben ist, erfolgt die Entscheidung durch den Amtsrichter, in dessen Bezirk die Beschlagnahme stattgefunden hat.

Ist nach erhobener öffentlicher Klage die Beschlagnahme durch die Staatsanwaltschaft oder einen Polizei- oder Sicherheitsbeamten erfolgt, so ist binnen drei Tagen dem Richter von der Beschlagnahme Anzeige zu machen und sind demselben die in Beschlag genommenen Gegenstände zur Verfügung zu stellen.

Beschlagnahmen in militärischen Dienstgebäuden, zu welchen auch Kriegsfahrzeuge gehören, erfolgen durch Ersuchen der Militärbehörde, und auf Verlangen der Civilbehörde (Richter, Staatsanwaltschaft) unter deren Mitwirkung. Des Ersuchens der Militärbehörde bedarf es jedoch nicht, wenn die Beschlagnahme in Räumen vorzunehmen ist, welche in militärischen Dienstgebäuden ausschließlich von Civilpersonen bewohnt werden.

§ 102.

Bei demjenigen, welcher als Thäter oder Theilnehmer einer strafbaren Handlung oder als Begünstiger oder Hehler verdächtig ist, kann eine Durchsuchung der Wohnung und anderer Räume, sowie seiner Person und der ihm gehörigen Sachen, sowohl zum Zwecke seiner Ergreifung, als auch dann vorgenommen werden, wenn zu vermuthen ist, daß die Durchsuchung zur Auffindung von Beweismitteln führen werde.

§ 103.

Bei anderen Personen sind Durchsuchungen nur behufs der Ergreifung des Beschuldigten oder behufs der Verfolgung von Spuren einer strafbaren Handlung oder behufs der Beschlagnahme bestimmter Gegenstände und nur dann zulässig, wenn Thatsachen vorliegen, aus denen zu schließen ist, daß die gesuchte Person, Spur oder Sache sich in den zu durchsuchenden Räumen befinde.

Diese Beschränkung findet keine Anwendung auf die Räume, in welchen der Beschuldigte ergriffen worden ist, oder welche er während der Verfolgung betreten hat, oder in welchen eine unter Polizeiaufsicht stehende Person wohnt oder sich aufhält.

§ 105.

Die Anordnung von Durchsuchungen steht dem Richter, bei Gefahr im Verzug auch der Staatsanwaltschaft und denjenigen Polizei- und Sicherheitsbeamten zu, welche als Hülfsbeamte der Staatsanwaltschaft den Anordnungen derselben Folge zu leisten haben.

Wenn eine Durchsuchung der Wohnung, der Geschäftsräume oder des befriedeten Besitzthums ohne Beisein des Richters oder des Staatsanwalts stattfindet, so sind, wenn dies möglich, ein Gemeindebeamter oder zwei Mitglieder der Gemeinde, in deren Bezirk die Durchsuchung erfolgt, zuzuziehen. Die als Gemeindemitglieder zugezogenen Personen dürfen nicht Polizei- oder Sicherheitsbeamte sein.

Die in den vorstehenden Absätzen angeordneten Beschränkungen der Durchsuchung finden keine Anwendung auf die im § 104 Abs. 2 bezeichneten Wohnungen und Räume.

Durchsuchungen in militärischen Dienstgebäuden erfolgen durch Ersuchen der Militärbehörde, und auf Verlangen der Civilbehörde (Richter, Staatsanwaltschaft) unter deren Mitwirkung. Des Ersuchens der Militärbehörde bedarf es jedoch nicht, wenn die Durchsuchung von Räumen vorzunehmen ist, welche in militärischen Dienstgebäuden ausschließlich von Civilpersonen bewohnt werden.

§ 106.

Der Inhaber der zu durchsuchenden Räume oder Gegenstände darf der Durchsuchung beiwohnen. Ist er abwesend, so ist, wenn dies möglich, sein Vertreter oder ein erwachsener Angehöriger, Hausgenosse oder Nachbar zuzuziehen.

Dem Inhaber oder der in dessen Abwesenheit zugezogenen Person ist in den Fällen des § 103 Abs. 1 der Zweck der Durchsuchung vor deren Beginn bekannt zu machen. Diese Vorschrift findet keine Anwendung auf die Inhaber der im § 104 Abs. 2 bezeichneten Räume.

§ 107.

Dem von der Durchsuchung Betroffenen ist nach deren Beendigung auf Verlangen eine schriftliche Mittheilung zu machen, welche den Grund der Durchsuchung (§§ 102, 103) sowie im Falle des § 102 die strafbare Handlung bezeichnen muß. Auch ist demselben auf Verlangen ein Verzeichniß der in Verwahrung oder in Beschlag genommenen Gegenstände, falls aber nichts Verdächtiges gefunden wird, eine Bescheinigung hierüber zu geben.

§ 108.

Werden bei Gelegenheit einer Durchsuchung Gegenstände gefunden, welche zwar in keiner Beziehung zu der Untersuchung stehen, aber auf die erfolgte Verübung einer anderen strafbaren Handlung hindeuten, so sind dieselben einstweilen in Beschlag zu nehmen. Der Staatsanwaltschaft ist hiervon Kenntniß zu geben.

§ 109.

Die in Verwahrung oder in Beschlag genommenen Gegenstände sind genau zu verzeichnen und zur Verhütung von Verwechselungen durch amtliche Siegel oder in sonst geeigneter Weise kenntlich zu machen.

§ 110.

Eine Durchsicht der Papiere des von der Durchsuchung Betroffenen steht nur dem Richter zu.

Andere Beamte sind zur Durchsicht der aufgefundenen Papiere nur dann befugt, wenn der Inhaber derselben die Durchsicht genehmigt. Anderenfalls haben sie die Papiere, deren Durchsicht sie für geboten erachten, in einem Umschlage, welcher in Gegenwart des Inhabers mit dem Amtssiegel zu verschließen ist, an den Richter abzuliefern.

Dem Inhaber der Papiere oder dessen Vertreter ist die Beidrückung seines Siegels gestattet; auch ist er, falls demnächst die Entsiegelung und Durchsicht der Papiere angeordnet wird, wenn dies möglich, aufzufordern, derselben beizuwohnen.

Der Richter hat die zu einer strafbaren Handlung in Beziehung stehenden Papiere der Staatsanwaltschaft mitzutheilen.

§ 111.

Gegenstände, welche durch die strafbare Handlung dem Verletzten entzogen wurden, sind, falls nicht Ansprüche Dritter entgegenstehen, nach Beendigung der Untersuchung und geeignetenfalls schon vorher von Amtswegen dem Verletzten zurückzugeben, ohne daß es eines Urtheils hierüber bedarf. Dem Betheiligten bleibt die Geltendmachung seiner Rechte im Civilverfahren vorbehalten.

IVa. Verordnung, betreffend den Verkehr mit Arzneimitteln.[1])

Vom 27. Januar 1890.

(R.G.Bl. 1890 S. 9.)

Wir Wilhelm, von Gottes Gnaden Deutscher Kaiser, König von Preußen rc. verordnen im Namen des Reichs auf Grund der Bestimmung im § 6 Absatz 2 der Gewerbeordnung (Reichs-Gesetzbl. 1883 S. 177) was folgt:

§ 1.

Die in dem anliegenden Verzeichnisse A aufgeführten Zubereitungen dürfen, ohne Unterschied,

---

[1]) Siehe auch die folgenden Zusatzverordnungen.

ob sie heilkräftige Stoffe enthalten oder nicht,[1]) als Heilmittel[2]) nur in Apotheken feilgehalten oder verkauft werden.[3])

Diese Bestimmung findet auf Verbandstoffe[4]) (Bin-

---

[1]) Damit sollte auch der Vertrieb der homöopathischen und Geheim-Mittel getroffen werden.

[2]) Frei ist aber der Betrieb solcher Zubereitungen zu anderen gewerblichen Zwecken und als Cosmetica, sofern dieselben nicht auch zugleich zu Heilzwecken dienen sollen, und sofern sie nicht unter den § 3 des Reichsgesetzes vom 5. Juli 1897 (S. 66) fallen.

[3]) Die Verletzung dieser Bestimmungen charakterisirt sich im Allgemeinen als eine Uebertretung des § 367 Nr. 3 R.St.G., falls jedoch der Handel mit verbotenen Arzneimitteln sich als Apothekenbetrieb darstellt (z. B. durch Anfertigung von Rezepten), als ein Vergehen aus § 147 R.G.O., da zur Begründung des Apothekengewerbes eine behördliche Konzession erforderlich ist. Die Scheidung ist in der Praxis oft nicht leicht.

[4]) Hierzu ist folgende amtliche Auslegung ergangen: Ich bringe zur öffentlichen Kenntniß, daß nach einer Entscheidung des Herrn Ressortministers **Cocaïnwatte** von Drogisten auch nicht gegen Giftschein abgegeben werden darf. Die in Alinea 2 des § 1 der Kaiserl. Verordnung vom 27. Januar 1890, betreffend den Verkehr mit Arzneimitteln, enthaltene Bestimmung, daß der Tenor des Alinea 1 auf Verbandstoffe keine Anwendung findet, kann bei der Cocaïnwatte nicht in Frage kommen, da dieselbe nicht als Verbandstoff sondern als schmerzstillendes Heilmittel dient.

Bezüglich der Sublimatwatte bemerke ich, daß dieselbe als Verbandstoff zu freiem Verkehr zugelassen ist.

Schleswig, den 2. September 1896.

Der Regierungspräsident.

den, Gazen, Watten u. dergl.), auf Zubereitungen zur Herstellung von Bädern, sowie auf Seifen nicht Anwendung. Auf künstliche Mineralwässer findet sie nur dann Anwendung, wenn dieselben in ihrer Zusammensetzung natürlichen Mineralwässern nicht entsprechen und wenn sie zugleich

Antimon, Arsen, Baryum, Chrom, Kupfer, freie Salpetersäure, freie Salzsäure oder freie Schwefelsäure

enthalten.

§ 2.

Die in dem anliegenden Verzeichnisse B aufgeführten Drogen und chemischen Präparate dürfen nur in Apotheken feilgehalten oder verkauft werden.

§ 3.

Der Großhandel sowie der Verkauf der im Verzeichnisse B aufgeführten Gegenstände an Apotheken oder an solche Staatsanstalten, welche Untersuchungs- oder Lehrzwecken dienen und nicht gleichzeitig Heilanstalten sind, unterliegen vorstehenden Bestimmungen nicht.

§ 4.

Die gegenwärtige Verordnung tritt mit dem 1. Mai 1890 in Kraft. Mit demselben Zeitpunkte treten die Verordnungen, betreffend den Verkehr mit Arzneimitteln, vom 4. Januar 1875 (Reichs-Gesetzbl. S. 5), betreffend den Verkehr mit künstlichen Mineralwässern, vom 9. Februar 1880 (Reichs-

Gesetzbl. S. 13) und, betreffend den Verkehr mit Honigpräparaten, vom 3. Januar 1883 (Reichs-Gesetzbl. S. 1) außer Kraft.

Urkundlich unter Unserer Höchsteigenhändigen Unterschrift und beigedrucktem Kaiserlichen Insiegel.

Gegeben Berlin, den 27. Januar 1890.

(L. S.) **Wilhelm.**

von Boetticher.

Verzeichniß A.

1. Abkochungen und Aufgüsse (decocta et infusa);
2. Aetzstifte (styli caustici);
3. Auszüge in fester oder flüssiger Form (extracta et tincturae), ausgenommen:
   Arnikatinktur,
   Baldriantinktur,
   Benzoëtinktur,
   Eichelkaffeeextrakt,
   Fichtennadelextrakt,
   Fleischextrakt,
   Himbeeressig,
   Kaffeeextrakt,
   Lakritzen (Süßholzsaft), auch mit Anis,
   Malzextrakt, auch mit Eisen, Leberthran oder Kalk,
   Myrrhentinktur,
   Theeextrakt von Blättern des Theestrauches,
   Wachholderextrakt;

4. Gemenge, trockene, von Salzen oder zerkleinerten Substanzen oder von beiden untereinander (pulveres, salia et species mixta), ausgenommen:
   Brausepulver, einfache oder mit Zucker und ätherischen Oelen gemischte,
   Riechsalz,
   Salicylstreupulver,
   Salze, welche aus natürlichen Mineralwässern bereitet oder den solchergestalt bereiteten Salzen nachgebildet sind;
5. Gemische, flüssige, und Lösungen (mixturae et solutiones) einschließlich gemischte Balsame, Honigpräparate und Sirupe, ausgenommen:
   Ameisenspiritus,
   Eukalyptuswasser,
   Fenchelhonig,
   Fruchtsäfte mit Zucker eingekocht,
   Hoffmanns Tropfen,
   Kampherspiritus,
   Leberthran mit Pfefferminzöl,
   Pepsinwein,
   Rosenhonig,
   Seifenspiritus,
   weißer Zuckersirup:
6. Kapseln, gefüllte, von Leim (Gelatine) oder Stärkemehl (capsulae gelatinosae et amylaceae repletae), ausgenommen solche Kapseln, welche
   Brausepulver, auch mit Zucker und ätherischen Oelen gemischt,

Copaïvabalsam,
Leberthran,
doppeltkohlensaures Natrium,
Ricinusöl oder
Weinsäure

enthalten;

7. Latwergen (electuaria);
8. Linimente (linimenta), ausgenommen flüchtiges Liniment;
9. Pastillen[1]) (auch Plätzchen und Zeltchen), Pillen und Körner (pastilli — rotulae et trochisci —, pilulae et granula), ausgenommen:

aus natürlichen Mineralwässern oder aus künstlichen Mineralquellsalzen bereitete Pastillen,
einfache Molkenpastillen,
Pfefferminzplätzchen,
Salmiakpastillen;

10. Pflaster und Salben (emplastra et unguenta), ausgenommen:

Cold-Cream,
englisches Pflaster,
Heftpflaster,
Hühneraugenringe,
Lippenpomade,

---

[1]) Vgl. hierzu die unter C Nr. XIV abgedruckte Bekanntmachung des Berliner Polizeipräsidenten betreffend die Abgabe von Sublimatpastillen.

Pappelpomade,
Pechpflaster,
Salicyltalg,
Senfpapier;

11. Suppositorien (suppositoria) in jeder Form (Kugeln, Stäbchen, Zäpfchen oder dergl.).

Verzeichniß B.

Acetanilidum.	Antifebrin.
Acida chloracetica.	Die Chloressigsäuren.
Acidum benzoïcum e resina sublimatum.	Aus dem Harze sublimirte Benzoësäure.
— cathartinicum.	Kathartinsäure.
— chrysophanicum.	Chrysophansäure.
— hydrocyanicum.	Cyanwasserstoffsäure (Blausäure).
— lacticum et ejus salia.	Milchsäure und deren Salze.
— osmicum et ejus salia.	Osmiumsäure und deren Salze.
— sclerotinicum.	Sklerotinsäure.
— succinicum.	Bernsteinsäure.
— sulfocarbolicum.	Sulfophenolsäure.
— valerianicum et ejus salia.	Baldriansäure und deren Salze.
Aconitinum, Aconitini derivata et eorum salia.	Akonitin, die Abkömmlinge des Akonitins und deren Salze.
Adonidinum.	Adonidin.

Aether bromatus.	Aethylbromid.
— jodatus.	Aethyljodid.
Aethyleni praeparata.	Die Aethylenpräparate.
Aethylidenum bichloratum.	Zweifachchloräthyliden.
Agaricinum.	Agaricin.
Aluminium acetico-tartaricum.	Essigweinsaures Aluminium.
Ammonium chloratum ferratum.	Eisensalmiak.
Amylenum hydratum.	Amylenhydrat.
Amylium nitrosum.	Amylnitrit.
Antipyrinum.	Antipyrin.
Anthrarobinum.	Anthrarobin.
Apomorphinum et ejus salia.	Apomorphin und dessen Salze.
Aqua Amygdalarum amararum.	Bittermandelwasser.
— Lauro-cerasi.	Kirschlorbeerwasser.
— Opii.	Opiumwasser.
Arsenium jodatum.	Jodarsen.
Atropinum et ejus salia.	Atropin und dessen Salze.
Betolum.	Betol.
Bismutum bromatum.	Bromwismut.
— oxyjodatum.	Wismutoxyjodid.
— salicylicum.	Salicylsaures Wismut.
— tannicum.	Gerbsaures Wismut.
Blatta orientalis.	Orientalische Schabe.
Bromalum hydratum.	Bromalhydrat.
Brucinum et ejus salia.	Brucin und dessen Salze.

Bulbus Scillae siccatus.	Getrocknete Meerzwiebel.
Butyl-chloralum hydratum.	Butylchloralhydrat.
Camphora monobromata.	Einfach-Bromkampher.
Cannabinon.	Cannabinon.
Cannabinum tannicum.	Gerbsaures Cannabin.
Cantharides.	Spanische Fliegen.
Cantharidinum.	Kantharidin.
Cardolum.	Cardol.
Castoreum canadense.	Kanadisches Bibergeil.
— sibiricum.	Sibirisches Bibergeil.
Chinidinum et ejus salia.	Chinidin und dessen Salze.
Chininum et ejus salia.	Chinin und dessen Salze.
Chinoïdinum.	Chinoïdin.
Chloralum hydratum crystallisatum.	Krystallisirtes Chloralhydrat.
Chloroformium.	Chloroform.
Chrysarobinum.	Chrysarobin.
Cinchonidinum et ejus salia.	Cinchonidin und dessen Salze.
Cinchoninum et ejus salia.	Cinchonin und dessen Salze.
Cocaïnum et ejus salia.	Cocaïn und dessen Salze.
Codeïnum et ejus salia.	Kodeïn und dessen Salze.
Coffeïnum et ejus salia.	Koffeïn und dessen Salze.
Colchicinum.	Kolchicin.
Coniinum et ejus salia.	Koniin und dessen Salze.
Convallamarinum.	Convallamarin.
Convallarinum.	Convallarin.
Cortex Chinae.	Chinarinde.

— Granati.	Granatrinde.
— Mezereï.	Seidelbastrinde.
Cotoïnum.	Kotoïn.
Cubebae.	Kubeben.
Cuprum aluminatum.	Kupferalaun.
— salicylicum.	Salicylsaures Kupfer.
— sulfocarbolicum.	Sulfokarbolsaures Kupfer.
Curare.	Curare.
Curarinum et ejus salia.	Curarin und dessen Salze.
Daturinum.	Daturin.
Delphininum.	Delphinin.
Digitalinum et ejus derivata.	Digitalin und dessen Abkömmlinge.
Duboisinum et ejus salia.	Duboisin und dessen Salze.
Emetinum et ejus salia.	Emetin und dessen Salze.
Euphorbium.	Euphorbium.
Fel tauri depuratum siccum.	Gereinigte trockene Ochsengalle.
Ferrum arsenicicum.	Arsensaures Eisen.
— arsenicosum.	Arsenigsaures Eisen.
— carbonicum saccharatum.	Zuckerhaltiges kohlensaures Eisen.
— citricum ammoniatum.	Citronensaures Eisenammonium.
— jodatum saccharatum.	Zuckerhaltiges Eisenjodür.
— oxydatum dialysatum.	Dialysirtes Eisenoxyd.
— oxydatum saccharatum.	Eisenzucker.
— reductum.	Reduzirtes Eisen.

— sulfuricum oxydatum ammoniatum.	Ammoniakalischer Eisenalaun.
— sulfuricum siccum.	Entwässertes schwefelsaures Eisen.
Flores Cinae.	Wurmsamen.
— Koso.	Kosoblüthen.
Folia Belladonnae.	Belladonnablätter.
— Bucco.	Buccoblätter.
— Cocae.	Cocablätter.
— Digitalis.	Fingerhutblätter.
— Jaborandi.	Jaborandiblätter.
— Rhois toxicodendri.	Giftsumachblätter.
— Stramonii.	Stechapfelblätter.
Fructus Colocynthidis.	Koloquinthen.
— Papaveris immaturi.	Unreife Mohnköpfe.
— Sabadillae.	Sabadillsamen.
Fungus laricis.	Lärchenschwamm.
Galbanum.	Galbanum.
Guajacolum.	Guajacol.
Herba Aconiti.	Akonitkraut.
— Adonidis.	Adoniskraut.
— Cannabis indicae.	Kraut des indischen Hanfs.
— Cicutae virosae.	Wasserschierling.
— Conii.	Schierling.
— Gratiolae.	Gottesgnadenkraut.
— Hyoscyami.	Bilsenkraut.
— Lobeliae.	Lobelienkraut.
Homatropinum et ejus salia.	Homatropin und dessen Salze.

Hydrargyrum aceticum.	Essigsaures Quecksilber.
— bijodatum.	Quecksilberjodid.
— bromatum.	Quecksilberbromür.
— chloratum.	Quecksilberchlorür (Kalomel).
— cyanatum.	Quecksilbercyanid.
— formamidatum.	Quecksilberformamid.
— jodatum.	Quecksilberjodür.
— oleïnicum.	Oelsaures Quecksilber.
— oxydatum via humida paratum.	Gelbes Quecksilberoxyd.
— peptonatum.	Quecksilberpeptonat.
— praecipitatum album.	Weißer Quecksilberpräcipitat.
— salicylicum.	Salicylsaures Quecksilber.
— tannicum oxydulatum.	Gerbsaures Quecksilberoxydul.
Hydrastis canadensis.	Kanadisches Wasserkraut.
Hyoscinum et ejus salia.	Hyoscin und dessen Salze.
Hyoscyaminum et ejus salia.	Hyoscyamin und dessen Salze.
Jodoformium.	Jodoform.
Jodolum.	Jodol.
Kaïrinum.	Kaïrin.
Kaïrolinum.	Kaïrolin.
Kalium jodatum.	Kaliumjodid.
Kamala.	Kamala.
Kosinum.	Kosin.

Kreosotum (e ligno paratum).	Holzkreosot.
Lactucarium.	Giftlattichsaft.
Magnesium citricum effervescens.	Brausendes citronsaures Magnesium.
— salicylicum.	Salicylsaures Magnesium.
Manna.	Manna.
Morphinum et ejus salia.	Morphin und dessen Salze.
Muscarinum.	Muscarin.
Narceïnum et ejus salia.	Narceïn und dessen Salze.
Narcotinum.	Narkotin.
Natrium aethylatum.	Natriumäthylat.
— benzoïcum.	Benzoësaures Natrium.
— pyrophosphoricum ferratum.	Pyrophosphorsaures Eisenoxyd-Natron.
— salicylicum.	Salicylsaures Natrium.
— santonicum.	Santonin-Natron.
— tannicum.	Gerbsaures Natrium.
Oleum Chamomillae aethereum.	Aetherisches Kamillenöl.
— Crotonis.	Krotonöl.
— Cubebarum.	Kubebenöl.
— Matico.	Maticoöl.
— Sabinae.	Sadebaumöl.
— Sinapis aethereum.	Aetherisches Senföl.
— Valerianae.	Baldrianöl.
Opium.	Opium.
Paracotoïnum.	Parakotoïn.
Paraldehydum.	Paraldehyd.

Pasta Guarana.	Guarana.
Pelletierinum et ejus salia.	Pelletierin und dessen Salze.
Phenacetinum.	Phenacetin.
Physostigminum (Eserinum) et ejus salia.	Physostigmin (Eserin) u. dessen Salze.
Picrotoxinum.	Pikrotoxin.
Pilocarpinum et ejus salia.	Pilokarpin u. dessen Salze.
Plumbum jodatum.	Jodblei.
— tannicum.	Gerbsaures Blei.
Podophyllinum.	Podophyllin.
Propylaminum.	Propylamin.
Radix Belladonnae.	Belladonnawurzel.
— Colombo.	Colombowurzel.
— Gelsemii.	Wurzel des gelben Jasmin.
— Ipecacuanhae.	Brechwurzel.
— Rhei.	Rhabarberwurzel.
— Sarsaparillae.	Sarsaparille.
— Senegae.	Senegawurzel.
Resina Jalapae.	Jalapenharz.
— Scammoniae.	Scammoniaharz.
Resorcinum purum.	Reines Resorcin.
Rhizoma Filicis.	Farnwurzel.
— Veratri.	Weiße Nießwurzel.
Salolum.	Salol.
Santoninum.	Santonin.
Secale cornutum.	Mutterkorn.
Semen Calabar.	Calabarsamen.
— Colchici.	Zeitlosensamen.

— Hyoscyami.	Bilsensamen.
— St. Ignatii.	Sanct-Ignatiussamen.
— Stramonii.	Stechapfelsamen.
— Strophanthi.	Strophanthussamen.
— Strychni.	Brechnuß.
Sozojodolum.	Sozojodol.
Stipites Dulcamarae.	Bittersüßstengel.
Strychninum et ejus salia.	Strychnin u. dessen Salze.
Sulfonalum.	Sulfonal.
Sulfur jodatum.	Jodschwefel.
Summitates Sabinae.	Sadebaumspitzen.
Tartarus stibiatus.	Brechweinstein.
Terpinum hydratum.	Terpinhydrat.
Thallinum et ejus salia.	Thallin und dessen Salze.
Thebaïnum et ejus salia.	Thebaïn und dessen Salze.
Tubera Aconiti.	Akonitknollen.
— Jalapae.	Jalapenknollen.
Urethanum.	Urethan.
Veratrinum et ejus salia.	Veratrin u. dessen Salze.
Zincum aceticum	Essigsaures Zink.
— chloratum purum.	Reines Chlorzink.
— cyanatum	Cyan-Zink.
— permanganicum.	Uebermangansaures Zink.
— salicylicum.	Salicylsaures Zink.
— sulfocarbolicum.	Sulfophenylsaures Zink.
— sulfoichthyolicum.	Ichthyolsulfosaures Zink.
— sulfuricum purum.	Reines schwefelsaures Zink.

IVb. Verordnung, betreffend den Verkehr mit Diphtherieserum.

Vom 31. Dezember 1894.

(R.G.Bl. 1895 S. 1.)

Wir Wilhelm, von Gottes Gnaden Deutscher Kaiser, König von Preußen 2c.

verordnen im Namen des Reichs, auf Grund der Bestimmung im §. 6 Absatz 2 der Gewerbeordnung (Reichs-Gesetzbl. 1883 S. 177), was folgt:

Zu denjenigen Drogen und chemischen Präparaten, welche nach §. 2 der Verordnung, betreffend den Verkehr mit Arzneimitteln, vom 27. Januar 1890 (Reichs-Gesetzbl. S. 9) und dem zugehörigen Verzeichnisse B nur in Apotheken feilgehalten oder verkauft werden dürfen, tritt hinzu:

Serum antidiphthericum. Diphtheriserum.

Urkundlich unter Unserer Höchsteigenen Unterschrift und beigedrucktem Kaiserlichen Insiegel.

Gegeben Neues Palais, den 31. Dezember 1894.

(L. S.) **Wilhelm.**

von Boetticher.

IVc. Verordnung, betreffend den Verkehr mit Arzneimitteln.

Vom 25. November 1895.

(R.G.Bl. 1895 S. 455/456.)

Wir Wilhelm, von Gottes Gnaden Deutscher Kaiser, König von Preußen 2c.

verordnen im Namen des Reichs, auf Grund der

Bestimmung im §. 6 Absatz 2 der Gewerbeordnung (Reichs-Gesetzbl. 1883 S. 177), was folgt:

Artikel 1.

Zu den Zubereitungen, Drogen und chemischen Präparaten, welche nach §§. 1 und 2 der Verordnung, betreffend den Verkehr mit Arzneimitteln, vom 27. Januar 1890 (Reichs-Gesetzbl. S. 9), sowie nach den zugehörigen Verzeichnissen A und B nur in Apotheken feilgehalten oder verkauft werden dürfen, treten hinzu und zwar

im Verzeichniß A unter Nr. 11:

Wundstäbchen (cereoli);

im Verzeichniß B:

Acidum camphoricum. Kamphersäure.

Acidum hydrobromicum. Bromwasserstoffsäure.

Bismutum subsalicylicum. Basisches Wismutsalicylat.

Lithium salicylicum. Lithiumsalicylat.

Theobrominum natrio-salicylicum. Diuretin.

In dem Verzeichniß B kommt

Bismutum salicylicum. Salicylsaures Wismut

in Wegfall.

Artikel 2.

Zu den Zubereitungen, welche nach dem Verzeichniß A der erwähnten Verordnung ausnahmsweise dem freien Verkehr überlassen sind, treten hinzu unter Nr. 3 des Verzeichnisses:

Aloëtinktur zum Gebrauch für Thiere;

unter Nr. 5 des Verzeichnisses:

Bleiwasser, mit einem Gehalt von höchstens zwei Gewichtstheilen Bleiessig in hundert Theilen der Mischung, zum Gebrauch für Thiere,

Kresolseifenlösung zum Gebrauch für Thiere,

Mischungen von Hoffmannstropfen (Aetherweingeist), Kampherspiritus und Seifenspiritus untereinander, zum Gebrauch für Thiere, sofern die einzelnen Bestandtheile der Mischungen auf den Abgabegefäßen angegeben werden;

unter Nr. 10 des Verzeichnisses:

Bleisalbe zum Gebrauch für Thiere,

Borsalbe zum Gebrauch für Thiere,

Hufkitt,

Terpentinsalbe zum Gebrauch für Thiere,

Zinksalbe zum Gebrauch für Thiere.

Artikel 3.

Gegenwärtige Verordnung tritt am 1. Februar 1896 in Kraft.

Urkundlich unter Unserer Höchsteigenhändigen Unterschrift und beigedrucktem Kaiserlichen Insiegel.

Gegeben Barby, den 25. November 1895.

(L. S.) **Wilhelm.**

von Boetticher.

IV d. Verordnung, betreffend den Verkehr mit Schilddrüsenpräparaten.

Vom 19. August 1897.

(R.G.Bl. S. 707)

Wir Wilhelm, von Gottes Gnaden Deutscher Kaiser, König von Preußen rc.

verordnen im Namen des Reichs auf Grund der Bestimmung im §. 6 Absatz 2 der Gewerbeordnung (Reichs-Gesetzbl. 1883 S. 177), was folgt:

Zu denjenigen Drogen und chemischen Präparaten, welche nach §. 2 der Verordnung, betreffend den Verkehr mit Arzneimitteln, vom 27. Januar 1890 (Reichs-Gesetzbl. S. 9) und dem zugehörigen Verzeichniß B nur in Apotheken feilgehalten oder verkauft werden dürfen, treten hinzu:

Thyreoideae praeparata. Schilddrüsenpräparate.

Urkundlich unter Unserer Höchsteigenhändigen Unterschrift und beigedrucktem Kaiserlichen Insiegel.

Gegeben Wilhelmshöhe, den 19. August 1897.

(L. S.) **Wilhelm.**

Graf von Posadowsky.

V. Gesetz, betreffend den Verkehr mit Nahrungsmitteln, Genußmitteln und Gebrauchsgegenständen.

Vom 14. Mai 1879.*)

(R.G.Bl. 1879 S. 145.)

Wir Wilhelm, von Gottes Gnaden Deutscher Kaiser, König von Preußen &c.
verordnen im Namen des Reichs, nach erfolgter Zustimmung des Bundesraths und des Reichstags, was folgt:

§ 1.

Der Verkehr mit Nahrungs- und Genußmitteln, sowie mit Spielwaaren, Tapeten, Farben, Eß-, Trink- und Kochgeschirr und mit Petroleum unterliegt der Beaufsichtigung nach Maßgabe dieses Gesetzes.

§ 2.

Die Beamten der Polizei sind befugt, in die Räumlichkeiten, in welchen Gegenstände der in § 1 bezeichneten Art feilgehalten werden, während der üblichen Geschäftsstunden, oder während die Räumlichkeiten dem Verkehr geöffnet sind, einzutreten.

Sie sind befugt, von den Gegenständen der in § 1 bezeichneten Art, welche in den angegebenen

*) § 16 Abs. 4 ist durch Gesetz vom 29. Juni 1887 hinzugefügt worden.

Räumlichkeiten sich befinden, oder welche an öffentlichen Orten, auf Märkten, Plätzen, Straßen oder im Umherziehen verkauft oder feilgehalten werden, nach ihrer Wahl Proben zum Zwecke der Untersuchung gegen Empfangsbescheinigung zu entnehmen. Auf Verlangen ist dem Besitzer ein Theil der Probe amtlich verschlossen oder versiegelt zurückzulassen. Für die entnommene Probe ist Entschädigung in Höhe des üblichen Kaufpreises zu leisten.

§ 3.

Die Beamten der Polizei sind befugt, bei Personen, welche auf Grund der §§ 10, 12, 13 dieses Gesetzes zu einer Freiheitsstrafe verurtheilt sind, in den Räumlichkeiten, in welchen Gegenstände der in § 1 bezeichneten Art feilgehalten werden, oder welche zur Aufbewahrung oder Herstellung solcher zum Verkaufe bestimmter Gegenstände dienen, während der in § 2 angegebenen Zeit Revisionen vorzunehmen.

Diese Befugniß beginnt mit der Rechtskraft des Urtheils und erlischt mit dem Ablauf von drei Jahren, von dem Tage an gerechnet, an welchem die Freiheitsstrafe verbüßt, verjährt oder erlassen ist.

§ 4.

Die Zuständigkeit der Behörden und Beamten zu den in §§ 2 und 3 bezeichneten Maßnahmen richtet sich nach den einschlägigen landesrechtlichen Bestimmungen.

Landesrechtliche Bestimmungen, welche der Polizei weitergehende Befugnisse als die in §§ 2 und 3 bezeichneten geben, bleiben unberührt.

§ 5.

Für das Reich können durch Kaiserliche Verordnung mit Zustimmung des Bundesraths zum Schutze der Gesundheit Vorschriften erlassen werden, welche verbieten:

1. bestimmte Arten der Herstellung, Aufbewahrung und Verpackung von Nahrungs- und Genußmitteln, die zum Verkaufe bestimmt sind;
2. das gewerbsmäßige Verkaufen und Feilhalten von Nahrungs- und Genußmitteln von einer bestimmten Beschaffenheit oder unter einer der wirklichen Beschaffenheit nicht entsprechenden Bezeichnung;
4. die Verwendung bestimmter Stoffe und Farben zur Herstellung von Bekleidungsgegenständen, Spielwaaren, Tapeten, Eß-, Trink- und Kochgeschirr, sowie das gewerbsmäßige Verkaufen und Feilhalten von Gegenständen, welche diesem Verbote zuwider hergestellt sind;
5. das gewerbsmäßige Verkaufen und Feilhalten von Petroleum von einer bestimmten Beschaffenheit.

§ 6.

Für das Reich kann durch Kaiserliche Verordnung mit Zustimmung des Bundesraths das gewerbsmäßige Herstellen, Verkaufen und Feilhalten von Gegenständen, welche zur Fälschung von Nahrungs- oder Genußmitteln bestimmt sind, verboten oder beschränkt werden.

§ 7.

Die auf Grund der §§ 5, 6 erlassenen Kaiserlichen Verordnungen sind dem Reichstag, sofern er versammelt ist, sofort, anderenfalls bei dessen nächstem Zusammentreten vorzulegen. Dieselben sind außer Kraft zu setzen, soweit der Reichstag dies verlangt.

Strafbestimmungen.

§ 8.

Wer den auf Grund der §§ 5, 6 erlassenen Verordnungen zuwiderhandelt, wird mit Geldstrafe bis zu einhundertfünfzig Mark oder mit Haft bestraft.

Landesrechtliche Vorschriften dürfen eine höhere Strafe nicht androhen.

§ 9.

Wer den Vorschriften der §§ 2—4 zuwider den Eintritt in die Räumlichkeiten, die Entnahme einer Probe oder die Revision verweigert, wird mit Geldstrafe von fünfzig bis zu einhundertfünfzig Mark oder mit Haft bestraft.

§ 10.

Mit Gefängniß bis zu sechs Monaten und mit Geldstrafe bis zu eintausendfünfhundert Mark oder mit einer dieser Strafen wird bestraft:

1. wer zum Zwecke der Täuschung im Handel und Verkehr Nahrungs- oder Genußmittel nachmacht oder verfälscht;
2. wer wissentlich Nahrungs- oder Genußmittel, welche verdorben oder nachgemacht oder verfälscht sind, unter Verschweigung dieses Umstandes verkauft oder unter einer zur Täuschung geeigneten Bezeichnung feilhält.

§ 11.

Ist die im § 10 Nr. 2 bezeichnete Handlung aus Fahrlässigkeit begangen worden, so tritt Geldstrafe bis zu einhundertfünfzig Mark oder Haft ein.

§ 12.

Mit Gefängniß, neben welchem auf Verlust der bürgerlichen Ehrenrechte erkannt werden kann, wird bestraft:

1. wer vorsätzlich Gegenstände, welche bestimmt sind, Anderen als Nahrungs- oder Genußmittel zu dienen, derart herstellt, daß der Genuß derselben die menschliche Gesundheit zu beschädigen geeignet ist, ingleichen, wer wissentlich Gegenstände, deren Genuß die menschliche Gesundheit zu beschädigen geeignet ist, als Nahrungs- oder Genußmittel verkauft, feilhält oder sonst im Verkehr bringt;
2. wer vorsätzlich Bekleidungsgegenstände, Spielwaaren, Tapeten, Eß-, Trink- oder Koch-

geschirr oder Petroleum derart herstellt, daß der bestimmungsgemäße oder vorauszusehende Gebrauch dieser Gegenstände die menschliche Gesundheit zu beschädigen geeignet ist, ingleichen, wer wissentlich solche Gegenstände verkauft, feilhält oder sonst in Verkehr bringt.[1])

Der Versuch ist strafbar.

Ist durch die Handlung eine schwere Körperverletzung oder der Tod eines Menschen verursacht worden, so tritt Zuchthausstrafe bis zu fünf Jahren ein.

§ 13.

War in den Fällen des § 12 der Genuß oder Gebrauch des Gegenstandes die menschliche Gesundheit zu zerstören geeignet, und war diese Eigenschaft dem Thäter bekannt, so tritt Zuchthausstrafe bis zu zehn Jahren, und wenn durch die Handlung der Tod eines Menschen verursacht worden ist, Zuchthausstrafe nicht unter zehn Jahren oder lebenslängliche Zuchthausstrafe ein.

Neben der Strafe kann auf Zulässigkeit von Polizeiaufsicht erkannt werden.

---

[1]) Die Berliner Polizeiverordnung vom 13. Dezember 1887 macht besonders auf das Unzulässige des Verkaufs der äußerst giftigen Krater- oder Pharaoschlangen (sog. Hinterlader), die aus Rhodanquecksilber bestehen, aufmerksam.

§ 14.

Ist eine der in den §§ 12, 13 bezeichneten Handlungen aus Fahrlässigkeit begangen worden, so ist auf Geldstrafe bis zu 1000 Mark oder Gefängnißstrafe bis zu sechs Monaten und, wenn durch die Handlung ein Schaden an der Gesundheit eines Menschen verursacht worden ist, auf Gefängnißstrafe bis zu einem Jahre, wenn aber der Tod eines Menschen verursacht worden ist, auf Gefängnißstrafe von einem Monat bis zu drei Jahren zu erkennen.

§ 15.

In den Fällen der §§ 12—14 ist neben der Strafe auf Einziehung der Gegenstände zu erkennen, welche den bezeichneten Vorschriften zuwider hergestellt, verkauft, feilgehalten oder sonst in Verkehr gebracht sind, ohne Unterschied, ob sie dem Verurtheilten gehören oder nicht; in den Fällen der §§ 8, 10, 11 kann auf die Einziehung erkannt werden.

Ist in den Fällen der §§ 12—14 die Verfolgung oder die Verurtheilung einer bestimmten Person nicht ausführbar, so kann auf die Einziehung selbständig erkannt werden.

§ 16.

In dem Urtheil oder dem Strafbefehl kann angeordnet werden, daß die Verurtheilung auf Kosten des Schuldigen öffentlich bekannt zu machen sei.

Auf Antrag des freigesprochenen Angeschuldigten hat das Gericht die öffentliche Bekanntmachung der Freisprechung anzuordnen; die Staatskasse trägt die Kosten, insofern dieselben nicht dem Anzeigenden auferlegt worden sind.

In der Anordnung ist die Art der Bekanntmachung zu bestimmen.

Sofern in Folge polizeilicher Untersuchung von Gegenständen der im § 1 bezeichneten Art eine rechtskräftige strafrechtliche Verurtheilung eintritt, fallen dem Verurtheilten die durch die polizeiliche Untersuchung erwachsenen Kosten zur Last. Dieselben sind zugleich mit den Kosten des gerichtlichen Verfahrens festzusetzen und einzuziehen.

§ 17.

Besteht für den Ort der That eine öffentliche Anstalt zur technischen Untersuchung von Nahrungs- und Genußmitteln, so fallen die auf Grund dieses Gesetzes auferlegten Geldstrafen, soweit dieselben dem Staate zustehen, der Kasse zu, welche die Kosten der Unterhaltung der Anstalt trägt.

Urkundlich unter Unserer Höchsteigenhändigen Unterschrift und beigedrucktem Kaiserlichen Insiegel.

Gegeben Berlin, den 14. Mai 1879.

(L. S.) Wilhelm.

Fürst v. Bismarck.

VI. Gesetz, betreffend die Verwendung gesundheitsschädlicher Farben bei der Herstellung von Nahrungsmitteln, Genußmitteln und Gebrauchsgegenständen.

Gesetz vom 5. Juli 1887.
(R.G.Bl. 1887 S. 277.)

Wir Wilhelm, von Gottes Gnaden Deutscher Kaiser, König von Preußen &c.
verordnen im Namen des Reichs, nach erfolgter Zustimmung des Bundesraths und des Reichstags, was folgt:

§ 1.

Gesundheitsschädliche Farben dürfen zur Herstellung von Nahrungs- und Genußmitteln, welche zum Verkauf bestimmt sind, nicht verwendet werden.

Gesundheitsschädliche Farben im Sinne dieser Bestimmung sind diejenigen Farbstoffe und Farbzubereitungen, welche: Antimon, Arsen, Baryum, Blei, Cadmium, Chrom, Kupfer, Quecksilber, Uran, Zink, Zinn, Gummigutti, Korallin, Pikrinsäure enthalten.[1])

[1]) Vgl. hierüber auch die im amtlichen Auftrage herausgegebene Tabelle· Lebbin „Giftigkeit der Farbwaaren". Berlin 1897. Verlag von Richard Schötz.

Der Reichskanzler ist ermächtigt, nähere Vorschriften über das bei der Feststellung des Vorhandenseins von Arsen und Zinn anzuwendende Verfahren zu erlassen.

§ 2.

Zur Aufbewahrung oder Verpackung von Nahrungs- und Genußmitteln, welche zum Verkauf bestimmt sind, dürfen Gefäße, Umhüllungen oder Schutzbedeckungen, zu deren Herstellung Farben der im § 1 Absatz 2 bezeichneten Art verwendet sind, nicht benutzt werden.

Auf die Verwendung von

schwefelsaurem Baryum (Schwerspath, blanc fixe),

Barytfarblacken, welche von kohlensaurem Baryum frei sind,

Chromoxyd,

Kupfer, Zinn, Zink und deren Legirungen als Metallfarben,

Zinnober,

Zinnoxyd,

Schwefelzinn als Musivgold,

sowie auf alle in Glasmassen, Glasuren oder Emails eingebrannte Farben und auf den äußeren Anstrich von Gefäßen aus wasserdichten Stoffen

findet diese Bestimmung nicht Anwendung.

5*

§ 3.

Zur Herstellung von kosmetischen Mitteln (Mitteln zur Reinigung, Pflege oder Färbung der Haut, des Haares oder der Mundhöhle), welche zum Verkauf bestimmt sind, dürfen die im § 1 Absatz 2 bezeichneten Stoffe nicht verwendet werden.

Auf schwefelsaures Baryum (Schwerspath, blanc fixe), Schwefelcadmium, Chromoxyd, Zinnober, Zinkoxyd, Zinnoxyd, Schwefelzink, sowie auf Kupfer, Zinn, Zink und deren Legirungen in Form von Puder findet diese Bestimmung nicht Anwendung.

§ 4.

Zur Herstellung von zum Verkauf bestimmten Spielwaaren (einschließlich der Bilderbogen, Bilderbücher und Tuschfarben für Kinder), Blumentopfgittern und künstlichen Christbäumen dürfen die im § 1 Absatz 2 bezeichneten Farben nicht verwendet werden.

Auf die im § 2 Absatz 2 bezeichneten Stoffe, sowie auf

Schwefelantimon und Schwefelcadmium als Färbemittel der Gummimasse,

Bleioxyd in Firniß,

Bleiweiß als Bestandtheil des sogenannten Wachsgusses, jedoch nur, sofern dasselbe nicht ein Gewichtstheil in 100 Gewichtstheilen der Masse übersteigt, chromsaures Blei (für sich oder in Verbindung mit schwefelsaurem Blei) als Oel- oder Lackfarbe oder mit Lack- oder Firnißüberzug,

die in Wasser unlöslichen Zinkverbindungen, bei Gummispielwaaren jedoch nur, soweit sie als Färbemittel der Gummimasse, als Oel- oder Lackfarben, oder mit Lack- oder Firnißüberzug verwendet werden,

alle in Glasuren oder Emails eingebrannten Farben

findet diese Bestimmung nicht Anwendung.

Soweit zur Herstellung von Spielwaaren die in den §§ 7 und 8 bezeichneten Gegenstände verwendet werden, finden auf letztere lediglich die Vorschriften der §§ 7 und 8 Anwendung.

§ 5.

Zur Herstellung von Buch- und Steindruck auf den in den §§ 2, 3 und 4 bezeichneten Gegenständen dürfen nur solche Farben nicht verwendet werden, welche Arsen enthalten.

§ 6.

Tuschfarben jeder Art dürfen als frei von gesundheitsschädlichen Stoffen beziehungsweise giftfrei nicht verkauft oder feilgehalten werden, wenn sie den Vorschriften im § 4 Absatz 1 und 2 nicht entsprechen.

§ 7.

Zur Herstellung von zum Verkauf bestimmten Tapeten, Möbelstoffen, Teppichen, Stoffen zu Vorhängen oder Bekleidungsgegenständen, Masken, Kerzen, sowie künstlichen Blättern, Blumen und Früchten, dürfen Farben, welche Arsen enthalten, nicht verwendet werden.

Auf die Verwendung arsenhaltiger Beizen oder Fixirungsmittel zum Zweck des Färbens oder Bedruckens von Gespinnsten oder Geweben findet diese Bestimmung nicht Anwendung. Doch dürfen derartig bearbeitete Gespinnste oder Gewebe zur Herstellung der im Absatz 1 bezeichneten Gegenstände nicht verwendet werden, wenn sie das Arsen in wasserlöslicher Form oder in solcher Menge enthalten, daß sich in 100 Quadratcentimeter des fertigen Gegenstandes mehr als 2 Milligramm Arsen vorfinden. Der Reichskanzler ist ermächtigt, nähere Vorschriften über das bei der Feststellung des Arsengehalts anzuwendende Verfahren zu erlassen.

§ 8.

Die Vorschriften des § 7 finden auch auf die Herstellung von zum Verkauf bestimmten Schreibmaterialien, Lampen- und Lichtschirmen sowie Lichtmanschetten Anwendung.

Die Herstellung der Oblaten unterliegt den Bestimmungen im § 1, jedoch sofern sie nicht zum Genusse bestimmt sind, mit der Maßgabe, daß die Verwendung von schwefelsaurem Baryum (Schwerspath, blanc fixe), Chromoxyd und Zinnober gestattet ist.

§ 9.

Arsenhaltige Wasser- oder Leimfarben dürfen zur Herstellung des Anstrichs von Fußböden, Decken, Wänden, Thüren, Fenstern der Wohn- oder Geschäftsräume, von Roll-, Zug- oder Klappläden oder Vorhängen, von Möbeln und sonstigen häuslichen Gebrauchsgegenständen nicht verwendet werden.

§ 10.

Auf die Verwendung von Farben, welche die im § 1 Absatz 2 bezeichneten Stoffe nicht als konstituirende Bestandtheile, sondern nur als Verunreinigungen, und zwar höchstens in einer Menge enthalten, welche sich bei den in der Technik gebräuchlichen Darstellungsverfahren nicht vermeiden läßt, finden die Bestimmungen der §§ 2 bis 9 nicht Anwendung.

§ 11

Auf die Färbung von Pelzwaaren finden die Vorschriften dieses Gesetzes nicht Anwendung.

§ 12.

Mit Geldstrafe bis zu einhundertundfünfzig Mark oder mit Haft wird bestraft:

1. wer den Vorschriften der §§ 1 bis 5, 7, 8 und 10 zuwider Nahrungsmittel, Genußmittel

oder Gebrauchsgegenstände herstellt, aufbewahrt oder verpackt, oder derartig hergestellte, aufbewahrte oder verpackte Gegenstände gewerbsmäßig verkauft oder feilhält;

2. wer der Vorschrift des § 6 zuwiderhandelt;
3. wer der Vorschrift des § 9 zuwiderhandelt, imgleichen wer Gegenstände, welche dem § 9 zuwider hergestellt sind, gewerbsmäßig verkauft oder feilhält.

§ 13.

Neben der im § 12 vorgesehenen Strafe kann auf Einziehung der verbotswidrig hergestellten, aufbewahrten, verpackten, verkauften oder feilgehaltenen Gegenstände erkannt werden, ohne Unterschied, ob sie dem Verurtheilten gehören oder nicht.

Ist die Verfolgung oder Verurtheilung einer bestimmten Person nicht ausführbar, so kann auf die Einziehung selbständig erkannt werden.

§ 14.

Die Vorschriften des Gesetzes, betreffend den Verkehr mit Nahrungsmitteln, Genußmitteln und Gebrauchsgegenständen vom 14. Mai 1879 (Reichs-Gesetzbl. S. 145) bleiben unberührt. Die Vorschriften in den §§ 16, 17 desselben finden auch bei Zuwiderhandlungen gegen die Vorschriften des gegenwärtigen Gesetzes Anwendung.

§ 15.

Dieses Gesetz tritt mit dem 1. Mai 1888 in Kraft; mit demselben Tage tritt die Kaiserliche Verordnung, betreffend die Verwendung giftiger Farben, vom 1. Mai 1882 (Reichs-Gesetzbl. S. 55) außer Kraft.

Urkundlich unter Unserer Höchsteigenhändigen Unterschrift und beigedrucktem Kaiserlichen Insiegel.

Gegeben Bad Ems, den 5. Juli 1887.

(L. S.) **Wilhelm.**

von Boetticher.

B. Landesgesetzliche Bestimmungen.

I. Aus der Allgemeinen preußischen Gewerbeordnung vom 17. Januar 1845
in der Abänderung vom 22. Juni 1861.

(Ges.=Samml. S. 442.)

§ 49 Absatz 1.

Denjenigen, welche Gifte feilhalten .... wollen, ist der Beginn des Gewerbebetriebes erst dann zu gestatten, wenn sich die Behörden von ihrer Zuverlässigkeit in Beziehung auf den beabsichtigten Gewerbebetrieb überzeugt haben.

II. Landespolizeiverordnung über den Handel mit Giften. Vom 24. August 1895.[1])

(Ministerial=Blatt f. d. ges. i. Verwaltung 1895 S. 265.)

Nachdem durch Gesetz vom 13. August 1895 (G.S. S. 519) der Abschnitt I des Anhangs zu der revidirten Apothekerordnung vom 11. Oktober

[1]) Bezüglich der Gültigkeit des Inhalts dieser Verordnung in den anderen Bundesstaaten vgl. Einleitung S. 12 ff. und Inhaltsverzeichniß S. 5, Schlußbemerkung.

1801, enthaltend die „Ausführliche Anweisung für sämmtliche Apotheker und Materialisten in den königl. preuß. Landen, wie sie sich bei der Aufbewahrung und Verabfolgung der Giftwaaren zu verhalten haben, vom 10. Dezember 1800", aufgehoben worden ist, wird auf Grund des § 136 Abs. 3 des Gesetzes über die allgemeine Landesverwaltung vom 3. Juli 1883 (G.S. S. 195 ff.) unter Bezugnahme auf den Beschluß des Bundesrathes vom 29. November 1894 nachstehende Polizeiverordnung erlassen.

§ 1. Der gewerbsmäßige Handel mit Giften unterliegt den Bestimmungen der §§ 2 bis 18.

Als Gifte im Sinne dieser Bestimmungen gelten die in Anlage I aufgeführten Drogen, chemischen Präparate und Zubereitungen.

1. Aufbewahrung der Gifte.

§ 2. Vorräthe von Giften müssen übersichtlich geordnet, von anderen Waaren getrennt, und dürfen weder über noch unmittelbar neben Nahrungs- oder Genußmitteln aufbewahrt werden.

§ 3. Vorräthe von Giften, mit Ausnahme der auf abgeschlossenen Giftböden verwahrten giftigen Pflanzen und Pflanzentheile (Wurzeln, Kräuter u. s. w.), müssen sich in dichten, festen Gefäßen befinden, welche mit festen, gut schließenden Deckeln oder Stöpseln versehen sind.

In Schiebladen dürfen Farben, sowie die übrigen in den Abtheilungen 2 und 3 der Anlage I aufgeführten festen, an der Luft nicht zerfließenden oder verdunstenden Stoffe aufbewahrt werden, sofern die Schiebladen mit Deckeln versehen, von festen Füllungen umgeben und so beschaffen sind, daß ein Verschütten oder Verstäuben des Inhalts ausgeschlossen ist.

Außerhalb der Vorrathsgefäße darf Gift, unbeschadet der Ausnahmebestimmung im Absatz 1, sich nicht befinden.

§ 4. Die Vorrathsgefäße müssen mit der Aufschrift „Gift", sowie mit der Angabe des Inhalts unter Anwendung der in der Anlage I enthaltenen Namen, außer denen nur noch die Anbringung der ortsüblichen Namen in kleinerer Schrift gestattet ist, und zwar, bei Giften der Abtheilung 1 in weißer Schrift auf schwarzem Grunde, bei Giften der Abtheilungen 2 und 3 in rother Schrift auf weißem Grunde, deutlich und dauerhaft bezeichnet sein. Vorrathsgefäße für Mineralsäuren, Laugen, Brom und Jod dürfen mittelst Radir- oder Aetzverfahrens hergestellte Aufschriften auf weißem Grunde haben.

Diese Bestimmung findet auf Vorrathsgefäße in solchen Räumen, welche lediglich dem Großhandel dienen, nicht Anwendung, sofern in anderer Weise für eine, Verwechselungen ausschließende Kennzeichnung gesorgt ist. Werden jedoch aus derartigen

Räumen auch die für eine Einzelverkaufsstätte des Geschäftsinhabers bestimmten Vorräthe entnommen, so müssen, abgesehen von der im Geschäfte sonst üblichen Kennzeichnung, die Gefäße nach Vorschrift des Absatzes 1 bezeichnet sein.

§ 5. Die in Abtheilung 1 der Anlage I genannten Gifte müssen in einem besonderen, von allen Seiten durch feste Wände umschlossenen Raume (Giftkammer) aufbewahrt werden, in welchem andere Waaren als Gifte sich nicht befinden. Dient als Giftkammer ein hölzerner Verschlag, so darf derselbe nur in einem vom Verkaufsraume getrennten Theile des Waarenlagers angebracht sein.

Die Giftkammer muß für die darin vorzunehmenden Arbeiten ausreichend durch Tageslicht erhellt und auf der Außenseite der Thür mit der deutlichen und dauerhaften Aufschrift „Gift" versehen sein.

Die Giftkammer darf nur dem Geschäftsinhaber und dessen Beauftragten zugänglich und muß außer der Zeit des Gebrauchs verschlossen sein.

§ 6. Innerhalb der Giftkammer müssen die Gifte der Abtheilung 1 in einem verschlossenen Behältnisse (Giftschrank) aufbewahrt werden.

Der Giftschrank muß auf der Außenseite der Thür mit der deutlichen und dauerhaften Aufschrift „Gift" versehen sein.

Bei dem Giftschranke muß sich ein Tisch oder eine Tischplatte zum Abwiegen der Gifte befinden.

Größere Vorräthe von einzelnen Giften der Abtheilung 1 dürfen außerhalb des Giftschrankes aufbewahrt werden, sofern sie sich in verschlossenen Gefäßen befinden.

§ 7.[1]) Phosphor und mit solchem hergestellte Zubereitungen müssen außerhalb des Giftschrankes, sei es innerhalb oder außerhalb der Giftkammer, unter Verschluß an einem frostfreien Orte in einem feuerfesten Behältnisse, und zwar gelber (weißer) Phosphor unter Wasser, aufbewahrt werden. Ausgenommen sind Phosphorpillen; auf diese finden die Bestimmungen der §§ 5 und 6 Anwendung.

Kalium und Natrium sind unter Verschluß, wasser- und feuersicher und mit einem sauerstofffreien Körper (Paraffinöl, Steinöl oder dergleichen) umgeben, aufzubewahren.

§ 8. Zum ausschließlichen Gebrauch für die Gifte der Abtheilung 1 und zum ausschließlichen Gebrauch für die Gifte der Abtheilungen 2 und 3 sind besondere Geräthe (Waagen, Mörser, Löffel und dergleichen) zu verwenden, welche mit der deut-

---

[1]) Der § 7, welcher über die feuergefährlichen Gifte Bestimmungen trifft, läßt den ebenfalls zu den Giften gehörigen, äußerst feuergefährlichen Schwefelkohlenstoff unberücksichtigt. Für Berlin trifft jedoch die Polizeiverordnung vom 30. April 1891 betr. die Lagerung und Aufbewahrung von Aether, Kollodium, Schwefelkohlenstoff u. a. feuergefährliche Stoffe ausführliche Bestimmungen.

lichen und dauerhaften Aufschrift „Gift“ in den, dem § 4 Absatz 1 entsprechenden Farben versehen sind. In jedem zur Aufbewahrung von giftigen Farben dienenden Behälter muß sich ein besonderer Löffel befinden. Die Geräthe dürfen zu anderen Zwecken nicht gebraucht werden und sind mit Ausnahme der Löffel für giftige Farben stets rein zu halten. Die Geräthe für die im Giftschranke befindlichen Gifte sind in diesem aufzubewahren. Auf Gewichte finden diese Vorschriften nicht Anwendung.

Der Verwendung besonderer Waagen bedarf es nicht, wenn größere Mengen von Giften unmittelbar in den Vorraths- oder Abgabegefäßen gewogen werden.

§ 9. Hinsichtlich der Aufbewahrung von Giften in den Apotheken greifen nachfolgende Abweichungen von den Bestimmungen der §§ 4, 5 und 8 Platz:

(zu § 4) Die Bestimmungen im § 4 gelten für Apotheken nur insoweit, als sie sich auf die Gefäße für Mineralsäuren, Laugen, Brom und Jod beziehen. Im Uebrigen bewendet es hinsichtlich der Bezeichnung der Gefäße bei den hierüber ergangenen besonderen Anordnungen.

(Zu § 5) Die Giftkammer darf, falls sie in einem Vorrathsraum eingerichtet wird, auch durch einen Lattenverschlag hergestellt werden. Kleinere Vorräthe von Giften der Abtheilung 1 dürfen in einem besonderen, verschlossenen und mit der deutlichen und dauerhaften Aufschrift „Gift“ oder „Venena“ oder „Tabula B“ versehenen Behältnisse im Verkaufsraume oder in einem geeigneten Nebenraum

aufbewahrt werden. Ist der Bedarf an Gift so gering, daß der gesammte Vorrath in dieser Weise verwahrt werden kann, so besteht eine Verpflichtung zur Einrichtung einer besonderen Giftkammer nicht.
(Zu § 8.) Für die im vorstehenden Absatz bezeichneten kleineren Vorräthe von Giften der Abtheilung 1 sind besondere Geräthe zu verwenden und in dem für diese bestimmten Behältnisse zu verwahren. Für die in den Abtheilungen 2 und 3 bezeichneten Gifte, ausgenommen Morphin, dessen Verbindungen und Zubereitungen, sind besondere Geräthe nicht erforderlich.

2. Abgabe der Gifte.

§ 10. Gifte dürfen nur von dem Geschäftsinhaber oder den von ihm hiermit Beauftragten abgegeben werden.

§ 11. Ueber die Abgabe der Gifte der Abtheilungen 1 und 2 sind in einem mit fortlaufenden Seitenzahlen versehenen, gemäß Anlage II eingerichteten Giftbuche die daselbst vorgesehenen Eintragungen zu bewirken. Die Eintragungen müssen sogleich nach Verabfolgung der Waaren von dem Verabfolgenden selbst, und zwar immer in unmittelbarem Anschluß an die nächst vorhergehende Eintragung ausgeführt werden. Das Giftbuch ist zehn Jahre lang nach der letzten Eintragung aufzubewahren.

Die vorstehenden Bestimmungen finden nicht Anwendung auf die Abgabe der Gifte, welche von Großhändlern an Wiederverkäufer, an technische Gewerbetreibende oder an staatliche Untersuchungs- oder Lehranstalten abgegeben werden, sofern über die Abgabe dergestalt Buch geführt wird, daß der Verbleib der Gifte nachgewiesen werden kann.

§ 12. Gift darf nur an solche Personen abgegeben werden, welche als zuverlässig bekannt sind und das Gift zu einem erlaubten gewerblichen, wirthschaftlichen, wissenschaftlichen oder künstlerischen Zwecke benutzen wollen. Sofern der Abgebende von dem Vorhandensein dieser Voraussetzungen sichere Kenntniß nicht hat, darf er Gift nur gegen Erlaubnißschein abgeben.

Die Erlaubnißscheine werden von der Ortspolizeibehörde nach Prüfung der Sachlage gemäß Anlage III ausgestellt. Dieselben werden in der Regel nur für eine bestimmte Menge, ausnahmsweise auch für den Bezug einzelner Gifte während eines, ein Jahr nicht übersteigenden Zeitraumes gegeben. Der Erlaubnißschein verliert mit dem Ablaufe des vierzehnten Tages nach dem Ausstellungstage seine Gültigkeit, sofern auf demselben etwas Anderes nicht vermerkt ist.

An Kinder unter 14 Jahren dürfen Gifte nicht ausgehändigt werden.

§ 13. Die in Abtheilung 1 und 2 verzeichneten Gifte dürfen nur gegen schriftliche Empfangsbescheinigung (Giftschein) des Erwerbers verabfolgt werden. Wird das Gift durch einen Beauftragten abgeholt, so hat der Abgebende (§ 10) auch von diesem sich den Empfang bescheinigen zu lassen.

Die **Bescheinigungen** sind nach dem in Anlage IV vorgeschriebenen Muster auszustellen, mit den entsprechenden Nummern des Giftbuchs zu versehen und zehn Jahre lang aufzubewahren.

Die Empfangsbestätigung desjenigen, welchem das Gift ausgehändigt wird, darf auch in einer Spalte des Giftbuchs abgegeben werden.

Im Falle des § 11 Absatz 2 ist die Ausstellung eines Giftscheines nicht erforderlich.

§ 14. Gifte müssen in **dichten, festen und gut verschlossenen Gefäßen abgegeben werden**; jedoch genügen für feste, an der Luft nicht zerfließende oder verdünstende Gifte der Abtheilungen 2 und 3 dauerhafte Umhüllungen jeder Art, sofern durch dieselben ein Verschütten oder Verstäuben des Inhalts ausgeschlossen wird.

Die Gefäße oder die an ihre Stelle tretenden Umhüllungen müssen mit der im § 4 Absatz 1 angegebenen Bezeichnung sowie mit **dem Namen des abgebenden Geschäftes** versehen sein. Bei festen, an der Luft nicht zerfließenden oder verdunstenden Giften der Abtheilung 3 darf an Stelle des Wortes Gift die Aufschrift „Vorsicht" verwendet werden.

Bei der Abgabe an Wiederverkäufer, technische Gewerbetreibende und staatliche Untersuchungs- oder Lehranstalten genügt indessen jede andere, Verwechselungen ausschließende Bezeichnung.

§ 15. Es ist verboten, Gifte in Trink- oder Kochgefäßen oder in solchen Flaschen oder Krügen abzugeben, deren Form oder Bezeichnung die Gefahr einer Verwechselung des Inhalts mit Nahrungs- oder Genußmitteln herbeizuführen geeignet ist.

§ 16. Auf die Abgabe von Giften als Heilmittel in den Apotheken finden die Vorschriften der §§ 11 bis 14 nicht Anwendung.

3. Besondere Vorschriften über Farben.

§ 17. Auf gebrauchsfertige Oel-, Harz- oder Lackfarben, soweit sie nicht Arsenfarben sind, finden die Vorschriften der §§ 2 bis 14 nicht Anwendung. Das Gleiche gilt für andere giftige Farben, welche in Form von Stiften, Pasten oder Steinen oder in geschlossenen Tuben zum unmittelbaren Gebrauch fertig gestellt sind, sofern auf jedem einzelnen Stück oder auf dessen Umhüllung entweder das Wort „Gift" beziehungsweise „Vorsicht" und der Name der Farbe oder eine das darin enthaltene Gift erkennbar machende Bezeichnung deutlich angebracht ist.

4. Ungeziefermittel.

§ 18. Bei der Abgabe der unter Verwendung von Gift hergestellten Mittel gegen schädliche Thiere (sogenannte Ungeziefermittel) ist jeder Packung eine Belehrung über die mit einem unvorsichtigen Gebrauche verknüpften Gefahren beizufügen. Der Wortlaut der Belehrung kann von der zuständigen Behörde vorgeschrieben werden.[1])

Arsenhaltiges Fliegenpapier feilzuhalten oder abzugeben, ist verboten. Andere arsenhaltige Ungeziefermittel dürfen nur mit einer in Wasser leicht löslichen grünen Farbe vermischt feilgehalten oder abgegeben werden; dieselben dürfen nur gegen Erlaubnißschein (§ 12) verabfolgt werden.

Strychninhaltige Ungeziefermittel dürfen nur in Form von vergiftetem Getreide, welches in tausend Gewichtstheilen höchstens fünf Gewichtstheile salpetersaures Strychnin enthält und dauerhaft dunkelroth gefärbt ist, feilgehalten oder abgegeben werden.

Vorstehende Beschränkungen können zeitweilig außer Wirksamkeit gesetzt werden, wenn und soweit es sich darum handelt, unter polizeilicher Aufsicht außerordentliche Maßnahmen zur Vertilgung von schädlichen Thieren, z. B. Feldmäusen, zu treffen.

---

[1]) Für Berlin ist durch die Bekanntmachung vom 22. April 1896 von dieser Befugniß Gebrauch gemacht.

5. Gewerbebetrieb der Kammerjäger.

§ 19. Personen, welche gewerbsmäßig schädliche Thiere vertilgen (Kammerjäger), müssen ihre Vorräthe von Giften und gifthaltigen Ungeziefermitteln unter Beachtung der Vorschriften in den §§ 2, 3, 4, 7 und, soweit sie die Vorräthe nicht bei Ausübung ihres Gewerbes mit sich führen, in verschlossenen Räumen, welche nur ihnen und ihren Beauftragten zugänglich sind, aufbewahren. Sie dürfen die Gifte und die Mittel an Andere nicht überlassen.

§ 20. Die Bestimmungen der §§ 4 und 6 über die Bezeichnung der Vorrathsgefäße und die Behältnisse und Geräthe innerhalb der Giftkammer finden auf Neuanschaffungen und Neueinrichtungen sofort, im Uebrigen vom 1. Januar 1897 ab Anwendung. Für Gewerbebetriebe, welche bereits vor Erlaß dieser Verordnung bestanden haben, können Ausnahmen von den Vorschriften des § 5 bis zum 31. Dezember 1898 nachgelassen werden.

§ 21. Vorstehende Vorschriften treten sofort für die gesammte Monarchie in Kraft, alle entgegenstehenden Provinzial-, Regierungs- und Ortspolizeiverordnungen sind aufgehoben.

§ 22. Die für die Apotheken über den Handel mit Giften bestehenden weitergehenden Vorschriften bleiben auch ferner in Kraft.

§ 23. Zuwiderhandlungen gegen diese Polizeiverordnung werden, soweit in den bestehenden Gesetzen nicht höhere Strafen vorgesehen sind, nach § 367 Nr. 5 des Strafgesetzbuches mit Geldstrafe bis zu Einhundertfünfzig Mark oder mit Haft bestraft.

Berlin, den 24. August 1895.

Der Minister für Handel u. Gewerbe.	Der Minister der geistlichen, Unterrichts- u. Medizinal-Angelegenheiten.
In Vertretung: Lohmann.	In Vertretung: von Weyrauch.

Der Minister des Innern.
Im Auftrage: Braunbehrens.

Anlage I.

Verzeichniß der Gifte.

Abtheilung 1.

Akonitin, dessen Verbindungen und Zubereitungen,
Arsen, dessen Verbindungen und Zubereitungen, auch Arsenfarben,
Atropin, dessen Verbindungen und Zubereitungen,
Brucin, dessen Verbindungen und Zubereitungen,
Curare und dessen Präparate,
Cyanwasserstoffsäure (Blausäure), Cyankalium, die sonstigen cyanwasserstoffsauren Salze und deren Lösungen, mit Ausnahme des Berliner Blau (Eisencyanür) und des gelben Blutlaugensalzes (Kaliumeisencyanür),
Daturin, dessen Verbindungen und Zubereitungen,

Digitalin, dessen Verbindungen und Zubereitungen,
Emetin, dessen Verbindungen und Zubereitungen,
Erytrophleïn, dessen Verbindungen und Zubereitungen,
Fluorwasserstoffsäure (Flußsäure),
Homatropin, dessen Verbindungen und Zubereitungen,
Hyoscin (Duboisin), dessen Verbindungen und Zubereitungen,
Hyoscyamin (Duboisin), dessen Verbindungen u. Zubereitungen,
Kantharidin, dessen Verbindungen und Zubereitungen,
Kolchicin, dessen Verbindungen und Zubereitungen,
Koniin, dessen Verbindungen und Zubereitungen,
Nikotin, dessen Verbindungen und Zubereitungen,
Nitroglycerinlösungen,
Phosphor (auch rother, sofern er gelben Phosphor enthält) und die damit bereiteten Mittel zum Vertilgen von Ungeziefer,
Physostigmin, dessen Verbindungen und Zubereitungen,
Pikrotoxin,
Quecksilberpräparate, auch Farben, außer Quecksilberchlorür (Kalomel) und Schwefelquecksilber (Zinnober),
Skopolamin, dessen Verbindungen und Zubereitungen,
Strophanthin,
Strychnin, dessen Verbindungen und Zubereitungen, **mit Ausnahme von strychninhaltigem Getreide,**
Uransalze, lösliche, auch Uranfarben,
Veratrin, dessen Verbindungen und Zubereitungen.

Abtheilung 2.

Acetanilid (Antifebrin),
Adonis-Kraut,
Aethylenpräparate,
Agaricin,
Akonit -extrakt, -knollen, -kraut, -tinktur,
Amylenhydrat,
Amylnitrit,
Apomorphin,
Belladonna -blätter, -extrakt, -tinktur, -wurzel,
Bilsenkraut, -samen, -extrakt, -tinktur,
Bittermandelöl, blausäurehaltiges,
Brechnuß (Krähenaugen), sowie die damit hergestellten Ungeziefermittel, Brechnußextrakt, -tinkur,
Brechweinstein,
Brom,
Bromaethyl,
Bromalhydrat,
Bromoform,
Butylchloralhydrat,
Calabar -extrakt, -samen, -tinktur,
Cardol,
Chloraethyliden, zweifach,
Chloralformamid,
Chloralhydrat,
Chloressigsäuren,
Chloroform,
Chromsäure,
Cocaïn, dessen Verbindungen und Zubereitungen,
Convallamarin, dessen Verbindungen und Zubereitungen,
Convallarin, dessen Verbindungen und Zubereitungen,
Elaterin, dessen Verbindungen und Zubereitungen,
Erythrophleum,
Euphorbium,
Fingerhut -blätter, -essig, -extrakt, -tinktur,
Gelsemium -wurzel, -tinktur,
Giftlattich -extrakt, -kraut, -saft (Laktukarium),
Giftsumach -blätter, -extrakt, -tinktur,

Gottesgnaden -kraut, -extrakt, -tinktur,
Gummigutti, dessen Lösungen und Zubereitungen[1]),
Hanf, indischer, -extrakt, -tinktur,
Hydroxylamin, dessen Verbindungen und Zubereitungen,
Jalapen -harz, -knollen, -tinktur,
Kirschlorbeeröl,
Kodeïn, dessen Verbindungen und Zubereitungen,
Kokkelskörner,
Kotoin,
Krotonöl,
Morphin, dessen Verbindungen und Zubereitungen,
Narceïn, dessen Verbindungen und Zubereitungen,
Narkotin, dessen Verbindungen und Zubereitungen,
Nieswurz (Helleborus), grüne, -extrakt, -tinktur, -wurzel,
Nieswurz (Helleborus), schwarze, -extrakt, -tinktur, -wurzel,
Nitrobenzol (Mirbanöl),
Opium und dessen Zubereitungen mit Ausnahme von Opiumpflaster und -wasser,
Oxalsäure (Kleesäure, sog. Zuckersäure),
Paraldehyd,
Pental,
Pilokarpin, dessen Verbindungen und Zubereitungen,
Sabadill -extrakt, -früchte, -tinktur,
Sadebaum -spitzen, -extrakt, -öl,
Sankt-Ignatius -samen, -tinktur,
Santonin,

[1]) Die Gummigutti enthaltenden Farben gehören aber zur Abtheilung 3.

Scammonia -harz (Scammonium) -wurzel,
Schierling (Konium) -kraut, -extrakt, -früchte, -tinktur,
Senföl, ätherisches,
Spanische Fliegen und deren weingeistige und ätherische Zubereitungen,
Stechapfel -blätter, -extrakt, -samen, -tinktur — ausgenommen zum Rauchen oder Räuchern,
Strophanthus -extrakt, -samen, -tinktur,
Strychninhaltiges Getreide,
Sulfomal und dessen Ableitungen,
Thallin, dessen Verbindungen und Zubereitungen,
Urethan,
Veratrum (weiße Nieswurz) -tinktur, -wurzel,
Wasserschierling -kraut, -extrakt,
Zeitlosen -extrakt, -knollen, -samen, tinktur, -wein.

Abtheilung 3.

Antimonchlorür, fest oder in Lösung,
Barymverbindungen außer Schwerspath, (schwefelsaures Barym),
Bittermandelwasser,
Bleiessig,
Bleizucker,
Brechwurzel (Ipecacuanha) -extrakt, -tinktur, -wein,
Farben,[1]) welche Antimon, Barym, Blei, Chrom, Gummigutti, Kadmium, Kupfer, Pikrinsäure, Zink oder Zinn enthalten mit

---

[1]) Vgl. Lebbin „Die Giftigkeit der Farbwaaren im Sinne der Ministerialverordnung über den Handel mit Giften vom 24. August 1895", Berlin 1898, Verlag von Richard Schoetz, sowie die unter C Nr. XIII abgedruckte Bekanntmachung des Berliner Polizeipräsidenten vom 16. März 1898.

Ausnahme von: Schwerspath (schwefelsaurem Baryum), Chromoxyd, Kupfer, Zink, Zinn und deren Legirungen als Metallfarben, Schwefelkadmium, Schwefelzink, Schwefelzinn (als Musivgold), Zinkoxyd, Zinnoxyd,

Goldsalze,

Jod und dessen Präparate, ausgenommen zuckerhaltiges Eisenjodür und Jodschwefel,

Jodoform,

Kadmium und dessen Verbindungen auch mit Brom oder Jod,

Kalilauge, in 100 Gewichtstheilen mehr als 5 Gewichtstheile Kaliumhydroxyd enthaltend,

Kalium,

Kaliumbichromat (rothes, chromsaures Kalium, sog. Chromkali),

Kaliumbioxalat (Kleesalz),

Kaliumchlorat (chlorsaures Kalium),

Kaliumchromat (gelbes, chromsaures Kalium),

Kaliumhydroxyd (Aetzkali),

Karbolsäure, auch rohe, sowie verflüssigte und verdünnte, in 100 Gewichtstheilen mehr als 3 Gewichtstheile Karbolsäure enthaltend,

Kirschlorbeerwasser,

Koffeïn, dessen Verbindungen und Zubereitungen,

Koloquinthen, -extrakt, -tinktur,

Kreosot,

Kresole,

Kupferverbindungen,

Lobelien -kraut, -tinktur,

Meerzwiebel -extrakt, -tinktur, -wein,

Mutterkorn -extrakt (Ergotin),

Natrium,

Natriumbichromat,

Natriumhydroxyd (Aetznatron, Seifenstein),

Natronlauge, in 100 Gewichtstheilen mehr als 5 Gewichtstheile Natriumhydroxyd enthaltend,

Phenacetin,

Pikrinsäure und deren Verbindungen,

Quecksilberchlorür (Kalomel),

Salpetersäure (Scheidewasser), auch rauchende,

Salzsäure, auch verdünnte, in 100 Gewichtstheilen mehr als 15 Gewichtstheile wasserfreie Säure enthaltend,

Schwefelkohlenstoff,

Schwefelsäure, auch verdünnte in 100 Gewichtstheilen mehr als 15 Gewichtstheile Schwefelsäuremonohydrat enthaltend,

Silbersalze, mit Ausnahme von Chlorsilber,

Stephans (Staphisagria)-körner,

Zinksalze, mit Ausnahme von Zinkkarbonat,

Zinnsalze.

Anlage II.

Giftbuch.

Seite . . .

Lfde. Nr.	Bezeichnung des Erlaubnisscheins nach Behörde und Nummer	Tag der Abgabe	Des Giftes		Zweck, zu welchem das Gift vom Erwerber benutzt werden soll	Des Erwerbers		Des Abholenden		Name des Verabfolgenden	Eigenhändige Namensschrift des Empfängers[1]
			Name	Menge		Name und Stand	Wohnort (Wohnung)	Name und Stand	Wohnort (Wohnung)		

[1]) Dieser Spalte bedarf es nur dann, wenn gemäß § 13 Absatz 3 die Abgabe der Empfangsbestätigung im Giftbuch zugelassen ist.

Anlage III.

(Name der ausstellenden Behörde.)

Nr. . . .

Erlaubnißschein

zum Erwerb von Gift.

Der p. (Name, Stand) . . . . zu (Wohnort und Wohnung) . . . .
Die (Firma) . . . .
wünscht (Menge) . . . (Name des Gifts) . . . zu erwerben, um damit . . . . . . (Zweck, zu welchem das Gift benutzt werden soll) . . . . .
Gegen dieses Vorhaben ist diesseits nach stattgefundener Prüfung nichts zu erinnern . . . . .

. . . . . ., den . . ten . . . . . 18 .

(Bezeichnung der ausstellenden Behörde.)
(Namensunterschrift.)
(Siegel.)

Dieser Schein macht die Ausstellung einer Empfangsbescheinigung (Giftschein) gemäß § 13 nicht entbehrlich. Er verliert mit dem Ablaufe des 14. Tages nach dem Ausstellungstage seine Gültigkeit, sofern etwas Anderes oben nicht ausdrücklich vermerkt ist.

Anlage IV.

Nr. . . . (des Giftbuchs.)

Giftschein.

Von (Firma des abgebenden Geschäfts) . . . zu (Ort) . . . . bekenne ich hierdurch . . . . (Menge) . . . . (Name des Gifts) . . . . . . zum Zwecke de . . . . wohl verschlossen und bezeichnet erhalten zu haben.

Der aus einem unvorsichtigen Gebrauche des Giftes entstehenden Gefahren wohl bewußt, werde ich dafür Sorge tragen, daß dasselbe nicht in unbefugte Hände gelangt und nur zu dem vorgedachten Zwecke verwendet wird.

Das Gift soll durch . . . . abgeholt werden.

(Wohnort, Tag, Monat, Jahr und Wohnung.) (Name und Vorname, Stand oder Beruf des Erwerbers.) (Eigenhändig geschrieben.)

(Zusatz, falls das Gift durch einen Anderen abgeholt wird.)

Das oben bezeichnete Gift habe ich im Auftrage des . . . . (Namen des Erwerbers) in Empfang genommen und verspreche, dasselbe alsbald unversehrt an meinen Auftraggeber abzuliefern.

(Ort, Tag, Monat, Jahr.) (Name und Vorname, Stand oder Beruf des Abholenden.) (Eigenhändig geschrieben.)

III. Ministerial-Verfügung, betr. Vorschriften über die Besichtigung (Revision) der Drogen- und ähnlicher Handlungen vom 1. Februar 1894.

(Minist.Bl. f. d. ges. i. V. 1894 S. 32.)

1. Verkaufsstellen, an welchen Arzneimittel, Gifte oder giftige Farben feilgehalten werden, — Drogen-, Material-, Farben- und ähnliche Handlungen — sind nebst den zugehörigen Vorraths- und Arbeitsräumen sowie dem Geschäftszimmer des Inhabers der Handlung in der Regel alljährlich einmal unvermuthet zu besichtigen. Die Besichtigung erfolgt durch die Ortspolizei-Behörde unter Beihülfe eines approbirten Apothekers und soweit thunlich, unter Zuziehung des zuständigen Physikus, der in diesem Falle die Besichtigung leitet. In seinem Wohnorte muß der Physikus zur Leitung der Besichtigung stets zugezogen werden.

Ein Apotheker darf an dem Orte, an welchem er eine Apotheke besitzt, an der Besichtigung nur theilnehmen, wenn der Ort über 20 000 Seelen zählt; auch in solchen Orten ist von der Mitwirkung eines dort geschäftlich angesessenen Apothekers in den Fällen abzusehen, in denen die zu besichtigende Handlung als Konkurrenzgeschäft für die betreffende Apotheke zu betrachten ist.

2. Bei der Besichtigung ist festzustellen:

a) ob die Bestimmungen der Verordnung vom 27. Januar 1890, betreffend den Verkehr mit

Arzneimitteln (Reichs-Gesetzblatt Seite 9) innegehalten worden sind, insbesondere ob etwa in den Nebenräumen, namentlich der Drogenhandlungen, Arzneien auf ärztliche Verordnungen angefertigt werden;

b) ob die Aufbewahrung der Gifte und der Verkehr mit denselben den bestehenden Bestimmungen entspricht, und ob der Phosphor im Keller vorschriftsmäßig aufbewahrt wird. Auch die Konzession zum Gifthandel ist einzusehen und das Giftbuch nebst den Giftscheinen auf ordnungsmäßige Führung zu prüfen.

3. Die Prüfung erstreckt sich ferner auf die Aufstellung und Aufbewahrung der indirekten Gifte und der giftigen Farben.

4. Die für den Geschäftsverkehr vorgeschriebenen Sondergeräthe (Waagen, Löffel, Mörser) für die Gifte und differenten Mittel müssen vorräthig, gehörig bezeichnet und sauber gehalten sein.

5. Die Standgefäße und sonstigen Behältnisse müssen deutlich und in den vorgeschriebenen Farben bezeichnet sein.

6. Die vorhandenen Arzneimittel und Arzneistoffe sind auf Güte und Echtheit zu prüfen; sie dürfen weder verdorben noch verunreinigt sein.

Bei der Beurtheilung der Güte der Waaren in denjenigen Handlungen, in welchen Arzneistoffe feilgehalten werden, sind zwar nicht so strenge Anforderungen zu stellen, wie an die Beschaffenheit der Arzneistoffe in Apotheken; jedoch sollen die Waaren brauchbar und dürfen nicht verdorben sein.

7. Die Besitzer derartiger Verkaufsstellen sind nicht verpflichtet, präzisirte Waagen und Gewichte zu halten.

8. Für die Beseitigung kleiner, offenbar auf Unwissenheit oder Irrthum beruhender Mängel, geringer Unordnung und Unsauberkeit in den Verkaufs- und Nebenräumen hat die Polizeibehörde unter Hinweis auf den Befund der Besichtigung Sorge zu tragen, gröbere Verstöße, erhebliche Unordnung und Unsauberkeit sind von ihr ernstlich zu rügen und im Wiederholungsfalle zur Bestrafung zu bringen.

Wegen der Uebertretung der Vorschriften der unter Nr. 2 erwähnten Verordnung vom 27. Januar 1890 und der Bestimmungen über den Verkehr mit Giften hat die Polizei-Verwaltung auf Grund des Gesetzes vom 23. April 1883 (Gesetz-Sammlung Seite 65) in Verbindung mit der Ausführungs-Anweisung vom 8. Juni desselben Jahres (Ministerialblatt für die innere Verwaltung Seite 152) die Strafe festzusetzen, wenn nicht nach Beschaffenheit der Umstände eine die Zuständigkeit der Ortspolizei überschreitende Strafe angemessen erscheint, in welchem Falle die gerichtliche Verfolgung durch den Amtsanwalt zu veranlassen ist.

Mit besonderer Strenge sind Fälle der Anfertigung von Arzneien auf ärztliche Verordnung (vgl. Nr. 2) zu verfolgen.

9. Ueber die Besichtigung ist eine Verhandlung aufzunehmen, auf Grund deren die Ortspolizei-Behörde die erforderlichen Anordnungen trifft.

10. Der Physikus erstattet dem Regierungs-Präsidenten (in dem dem Polizei-Präsidenten zu Berlin unterstellten Bezirke dem Letzteren) über die unter seiner Leitung stattgehabten Besichtigungen und deren Ergebniß am Schluß eines jeden Jahres kurzen Bericht, in welchem insbesondere anzugeben ist, ob und in welcher Höhe Polizei- oder gerichtliche Strafen verhängt, und in welcher Art etwaige Vorschriftswidrigkeiten beseitigt worden sind.

11. Gelegentlich der Apothekenbesichtigungen haben die Bevollmächtigten des Regierungs-Präsidenten (des Polizei-Präsidenten zu Berlin in dem dem Letztern unterstellten Bezirke) auch die unter Nr. 1 gedachten Verkaufsstellen einer Besichtigung nach vorstehenden Grundsätzen zu unterwerfen und die darüber aufgenommenen Verhandlungen demselben einzureichen.

12. Eine Besichtigung der Weinhandlungen durch die Physiker nach Maßgabe des Erlasses vom 27. April 1846 (Ministerialblatt für die innere Verwaltung Seite 65) findet in Zukunft nicht mehr statt.

13. Die durch die Besichtigung der Verkaufsstellen u. s. w. (vgl. Nr. 10) entstehenden Ausgaben sind als Kosten der örtlichen Polizeiverwaltung zu betrachten und fallen daher denjenigen zur Last, welche diese Kosten zu tragen haben.

Berlin, den 1. Februar 1894.

Der Minister
der geistlichen 2c. Angelegenheiten.
Bosse.

Der Minister des Innern.
Im Auftrage: Haase.

IV. Ueberwachung des Handels mit Giften.

Runderlaß der Minister der Medizinalangelegenheiten, des Innern und für Handel an die Oberpräsidenten vom 18. Juli 1896.

Im Anschluß an den Erlaß vom 24. August vorigen Jahres — Min. für Handel C. 5451, Min. der geistlichen Angelegenheiten 559 II, Min. des Innern 8519 I — betreffend die Polizeiverordnung über den Handel mit Giften vom gleichen Tage, ersuchen wir Euer 2c. ganz ergebenst, gefl. dafür Sorge zu tragen, daß zur Sicherung des Vollzugs jener Bestimmungen in Zwischenräumen von etwa zwei Jahren unvermuthet Revisionen der Lagerräume und Verkaufsstätten für Gifte stattfinden.

Apotheken und solche Handlungen, welche in Gemäßheit des Erlasses vom 1. Februar 1894, betreffend Vorschriften über die Besichtigung der Drogen- und ähnlichen Handlungen — Min.Bl. der inneren Verwaltung S. 32 — amtlich besichtigt werden, unterliegen einer besonderen Ueberwachung des Gifthandels nicht.

V. Ministerial-Verfügung vom 5. Juli 1898, betreffend die Besichtigung der Drogen- und ähnlichen Handlungen.

(Min.Bl. f. d. ges. i. V. 1898 S. 142.)

Um den wirthschaftlichen und gesundheitlichen Gefahren, welche durch die neuerdings immer mehr aufkommenden sogenannten Schrank-Drogisten herbeigeführt werden, wirksam zu begegnen, ersuchen wir ergebenst, die nachgeordneten Behörden, insbesondere auch die Medizinalbeamten zur strengsten Handhabung der folgenden Maßnahmen zu veranlassen:

Den Vorschriften über Besichtigung der Drogen- und ähnlicher Handlungen vom 1. Februar 1894 (Min.Bl. 1894 Nr. 2 S. 32) unterliegen auch die Schrank-Drogisten; dieselben sind nach § 35 Abs. 4 und 6 der Reichs-Gewerbeordnung (Novelle vom

6. August 1896, Reichs-Gesetzblatt S. 686) verpflichtet, den Handel mit Drogen und chemischen Präparaten, welche zu Heilzwecken dienen, der zuständigen Behörde anzumelden, widrigenfalls gemäß § 148, Ziffer 4 der Gewerbeordnung auf Geldstrafe bis zu 150 Mark und im Unvermögensfalle auf Haft bis zu 4 Wochen erkannt werden kann. Ergiebt die Besichtigung, daß die Handhabung des Gewerbebetriebes Leben oder Gesundheit von Menschen gefährdet, so ist der Handel laut § 35 der Gewerbeordnung zu untersagen. In dieser Beziehung kommt namentlich die mittelbare Gefährdung in Frage, insofern die rechtzeitige Anrufung des Arztes verzögert oder verhindert wird. Jene Gefährdung wird nicht nur durch Schrank-Revisionen, sondern auch durch die anderweitig bekannte Art und Weise des Arzneiverkaufs festzustellen sein. Die Polizeibehörde wird die Beantragung der Untersagung des Handels schon dann in Erwägung zu ziehen haben, wenn nach ihren Ermittelungen der Schrank-Drogist auch bei schweren, einen Arzt unbedingt erfordernden Krankheiten Arzneien verkauft.

Durch eine scharfe Kontrole der Erfüllung der Anzeigepflicht, durch häufige und unerwartete eingehende Besichtigungen seitens der berufenen sachverständigen Personen, sowie durch Untersagung des Gewerbebetriebes in jedem Falle, in dem Leben oder Gesundheit von Menschen durch die Art der Ausübung des Betriebes gefährdet werden, wird es voraussichtlich gelingen, die Ausschreitungen der Schrank-Drogisten und ihrer Lieferanten zu verhüten.

Berlin, den 5. Juli 1898.

Der Minister der geistlichen u. s. w. Angelegenheiten.
Im Auftrage: Förster.

Der Minister des Innern.
Im Auftrage: von Bitter.

Der Minister für Handel und Gewerbe.
In Vertretung: Lohmann.

An die Herren Regierungs-Präsidenten und den Herrn Polizei-Präsidenten in Berlin.

VI. Ministerial-Verfügung, betreffend mit Sublimat und Jodoform getränkte Verbandstoffe.

Die mit Sublimat und Jodoform u. s. w. getränkten Verbandstoffe sind durch die Verordnung vom 27. Januar 1890, § 1, Abs. 2 ohne Einschränkung dem freien Verkehr überlassen, können daher von Apothekern anstandslos ohne ärztliche Verordnung abgegeben und an jeder gesonderten Stelle der Apothekenräume aufbewahrt werden; eine Verweisung dieser Stoffe in den Separandenraum oder Giftschrank würde den Verkehr ohne zwingenden Grund erschweren.

Berlin, den 15. Februar 1892.

Der Minister der u. s. w. Medizinalangelegenheiten.
J. A. Bartsch.

C. Besondere Bestimmungen für Berlin und die Provinzen.

I. Bekanntmachung des Stadt-Ausschusses zu Berlin vom 3. Januar 1896.

(Intelligenzblatt 1896.)

Die Erlaubniß zum Handel mit Giften und Giftstoffen wird in Zukunft in der Regel nur solchen Personen ertheilt werden, welche entweder durch ihre Approbation als Apotheker bezw. Chemiker oder durch Physikats-Bescheinigung oder in ähnlicher glaubhafter Weise den Nachweis führen, daß sie die zur Erkennung und Behandlung von Giften und Giftstoffen erforderliche Fachkenntniß besitzen.

Zur Vereinfachung und Beschleunigung des Geschäftsverfahrens empfiehlt es sich, diese Bescheinigungen gleichzeitig mit dem auf Ertheilung der obenerwähnten Erlaubniß gerichteten Antrage, dem unterzeichneten Stadt-Ausschusse einzureichen.

Berlin, den 3. Januar 1896.

Der Stadt-Ausschuß.

i. V.

Friedel.

II. Prüfungsordnung vom 26. Februar 1896.

(Deutsche Drogistenzeitung 1896.)

Berlin, den 26. Februar 1896.

Nachdem der Stadt-Ausschuß die Ertheilung der Konzession zum Handel mit Giften an nicht als Apotheker approbirte Personen von der Beibringung eines Befähigungsnachweises abhängig gemacht hat, werden Euer Hochwohlgeboren ergebenst ersucht, derartige Zeugnisse für den Umfang ihres Bezirks gegen eine Gebühr von Mk. 10,— und Einziehung der Stempelgebühr[1]) nach vorausgegangener gründlicher Prüfung des Antragstellers auszustellen.

Bis zur definitiven Regelung des Prüfungsganges sind die Antragsteller nur einer theoretischen Prüfung zu unterwerfen. Diese hat sich zu erstrecken

1. auf die gesetzlichen Bestimmungen betreffend den Verkehr mit Giften,
2. auf die physikalischen Eigenschaften der bekanntesten Giftstoffe und auf die hauptsächlichsten Kapitel der Giftlehre.

Es bleibt den Physikern unbenommen, durch Vorlage von Giften den Umfang der Kenntnisse über die äußeren Merkmale der Gifte festzustellen.

Das am Schlusse der Prüfung dem Antragsteller sofort auszuhändigende Zeugniß wollen Euer Hoch-

---

[1]) Eine Stempelgebühr ist nach dem neuen Stempelsteuergesetz nicht mehr zu erheben.

wohlgeboren nach beifolgendem Schema gefälligst ausstellen.

Ueber die Zahl und den Ausfall der Prüfungen ist in den jährlichen Sanitätsberichten Mittheilung zu machen.

Königl. Polizei-Präsidium
Abtheilung I.
gez. Friedheim.

An sämmtliche Herren Bezirksphysiker.
I A a 164.

Schema zum Befähigungs-Zeugniß für den Handel mit Giften.

De Kaufmann / Gehülfe / Lehrling .... aus ....
geboren am .... zu ....
ist heute von mir auf seine Befähigung zum Handel mit Giften geprüft worden.

Derselbe zeigte in der Gesetzeskunde ....
in der Giftlehre ....
Kenntnisse.

Hiernach erachte ich den p ...... für ..... befähigt zum Handel mit Giften.

Dieses Zeugniß berechtigt zur Abgabe von Giften nur in Geschäften, deren Inhaber die Konzession zum Handel mit Giften auf Grund § 49 der G.O. vom 22. Juni 1861 erhalten haben.

Berlin, den ....

Der Königl. Bezirks-Physikus
....

III. Polizei-Verordnung vom 4. Februar 1896.

(Deutsche Drogistenzeitung 1896.)

Berlin, den 4. Februar 1896.

Euer pp. ersuche ich ergebenst, Personen unter 18 Jahren zur Gifthändlerprüfung nicht mehr zulassen zu wollen.

Der Polizei-Präsident.

i. V.

Friedheim.

An sämmtliche Herren Bezirksphysiker.

IV. Bekanntmachung vom 7. Mai 1896.

(Intelligenzblatt 1896.)

Eine große Zahl von Personen, die im Besitze der Erlaubniß zum Handel mit Giften sind, läßt, wie bei der polizeilichen Revision festgestellt worden ist, dieses Gewerbe entweder in Haupt- oder Zweiggeschäften durch Stellvertreter ausüben, ohne die nach § 47 der Reichs-Gewerbeordnung hierzu erforderliche Genehmigung des Stadt-Ausschusses eingeholt zu haben.

Letztere Gesetzesvorschrift ist in Zukunft genau zu beachten. Es können jedoch zur Verhütung von Gefahren für die öffentliche Sicherheit und Gesundheit nur solche Personen als Vertreter im Handel mit Giften zugelassen werden, welche über ihre

Führung ein Leumundszeugniß der Polizeibehörde beizubringen vermögen und ihre Fachkenntnisse durch ein Zeugniß des zuständigen Bezirks-Physikus oder in anderer glaubhafter Form nachweisen können.

Berlin, den 7. Mai 1896.

Der Stadt-Ausschuß.

J. V.

Friedel.

Schema für Genehmigungen zum Handel mit Giften.

Stadt-Ausschuß für Berlin. Berlin, den . . ten . . . 189

Dem Herrn X . . . . . ., geboren am . . . . zu . . . ., wird hierdurch die Erlaubniß zum Handel mit Giften am hiesigen Orte ertheilt.

Der Gewerbebetrieb ist bei der Königlichen Direktion für die Verwaltung der direkten Steuern in Berlin anzumelden.

Zur Stellvertretung können nur Personen zugelassen werden, welche über ihre Führung ein Leumundszeugniß der Polizeibehörde beizubringen vermögen und ihre Fachkenntniß durch ein Zeugniß des zuständigen Bezirks-Physikus oder in anderer glaubhafter Form nachweisen können.

Gesuche um Zulassung eines Vertreters sind an die unterzeichnete Behörde zu richten.

Der Stadt-Ausschuß.

V. Beschluß vom 9. Dezember 1897.

(Intelligenzblatt 1897.)

Bei Anträgen auf Ertheilung der Genehmigung zum Handel mit solchen im häuslichen Wirthschaftsbedarf gebräuchlichen Giften und Giftstoffen, welche unter die in Abtheilung III der Anlage I zur Polizei-Verordnung vom 24. August 1895 aufgeführten gehören, kann von Beibringung eines Physikatszeugnisses abgesehen werden, wenn der Antragsteller in anderer glaubhafter Form den Nachweis führt, daß er genügende Kenntnisse zur Behandlung und Erkennung derjenigen Giftstoffe besitzt, die er feilhalten will.

Dieser Nachweis kann z. B. durch ein entsprechendes Zeugniß eines vereideten Gerichts-Chemikers oder eines approbirten Apothekers, sofern gegen die Person dieses Sachverständigen Bedenken nicht vorliegen, als geführt erachtet werden.

Berlin, den 9. Dezember 1897.

Der Stadt-Ausschuß.

J. V.

gez. Friedel.

VI. Verbot des Anzeigens von Geheimmitteln ꝛc.

Polizei-Verordnung vom 30. Juni 1887.

(Nordd. Allg. Ztg. 1887.)

pp.

Arzneimittel, deren Verkauf gesetzlich untersagt oder beschränkt ist (vergl. Kaiserliche Verordnung vom 4. Januar 1875, Reichsgesetzblatt S. 4)[1]), desgleichen Geheimmittel dürfen zum Verkauf in Berlin weder öffentlich angekündigt noch angepriesen werden. Zuwiderhandlungen gegen dieses Verbot werden mit einer Geldstrafe bis zu 30 Mark oder im Unvermögensfalle mit verhältnißmäßiger Haft bestraft, sofern nach den Landesgesetzen keine höhere Strafe verwirkt ist.

Berlin, den 30. Juni 1887.

Der Polizei-Präsident.

gez. Freiherr von Richthofen.

---

[1]) Obsolet. Jetzt ersetzt durch Kaiserliche Verordnung vom 27. Januar 1890.

VII.[1]) Transport und Lagerung von Aether, Kollodium, Schwefelkohlenstoff und ähnlichen feuergefährlichen Stoffen.

(Nordd. Allg. Ztg. 1891.)

Auf Grund der §§ 143 und 144 des Gesetzes über die Allgemeine Landesverwaltung vom 30. Juli 1883 (Ges.=S. S. 195 ff.) und der §§ 5 und 6 des Gesetzes über die Polizeiverwaltung vom 11. März 1850 wird mit Zustimmung des Gemeindevorstandes für den Stadtkreis Berlin verordnet, was folgt:

§ 1.

Die Bestimmungen der gegenwärtigen Polizeiverordnung finden Anwendung auf die Lagerung und Aufbewahrung von Aether, Kollodium, Schwefelkohlenstoff und anderen Stoffen, deren Siedepunkt unter 60 Grad Celsius liegt, und welche zugleich bereits bei gewöhnlicher Temperatur leicht entflammende Dämpfe entwickeln.

§ 2.

Mengen der im § 1 bezeichneten Stoffe von zusammen mehr als **15 kg** dürfen nur mit ortspolizei=

---

[1]) Die Landes=Polizeiverordnung vom 24. August 1895 hat es unterlassen, für Explosivstoffe Bestimmungen zu treffen. Obige Polizeiverordnung tritt für Berlin ergänzend ein.

licher Erlaubniß gelagert werden. Diese Erlaubniß ist, falls nicht besondere Umstände Abweichungen als zulässig oder nothwendig erscheinen lassen, an folgende Bedingungen zu knüpfen:

a) Die Lagerräume müssen der Regel nach im Keller oder zu ebener Erde belegen sein; jedenfalls müssen die unter denselben belegenen Räume von massiven Wänden umschlossen und überwölbt sein. Die Lagerräume dürfen keine Abflüsse (Gerinne) nach außen (Straßen, Höfen rc.) und keine Heizvorrichtungen haben und sind mit einer sicher wirkenden Ventilation zu versehen, welche die Dünste unmittelbar ins Freie abführt;

b) der Fußboden der Lagerräume muß ein Gefälle von mindestens 1:100 nach einer oder mehreren vergitterten Sammelgruben — je nach Vorschrift der Polizeibehörde — haben, durchweg aus undurchlässigem, unverbrennlichem Material hergestellt und mit einer aus feuerfestem Material bestehenden, ununterbrochenen Umfassung von 30 cm Höhe versehen sein;

c) die Umfassungswände der Lagerräume dürfen keine Rauchröhren enthalten, auch nicht Feuerstätten begrenzen.

Die Wände und die Decken der Räume, auch Zwischendecken, müssen massiv sein. Etwaige in den Wänden befindliche Oeffnungen müssen so eingerichtet sein, daß von außen nichts hineingeworfen werden kann.

Die Eingangsthüren müssen aus Eisen bestehen und selbstthätig dicht schließend eingerichtet sein;

d) die Lagerräume müssen einen besonderen Eingang unmittelbar vom Hofe oder von der Straße haben oder wenigstens von hier den Zugang gestatten.

Befindet sich dieser Zugang auf dem Hofe, so ist er mit einem unverbrennlichen, mindestens 1 m vorspringenden Dache zu versehen, welches die Breite der Thüröffnung an jeder Seite um mindestens 50 cm überragt.

Eine Verbindung der Lagerräume mit den Treppenhäusern ist unstatthaft;

e) die zur Aufbewahrung der im § 1 genannten Stoffe dienenden Behälter müssen deren Verdunstung möglichst verhindern und zur Unterscheidung von etwaigen anderen in denselben Räumen vorhandenen Gefäßen besonders kenntlich gemacht sein.

Das Umfüllen in andere Gefäße und sonstige geschäftliche Verrichtungen mit den hier in Rede stehenden Stoffen dürfen nur bei Tageslicht vorgenommen werden. Künstliche Beleuchtung der Lagerräume ist nur statthaft, sofern die Beleuchtungs-Einrichtung unbeweglich ist, und wenn der Nachweis geführt wird, daß ihre besondere Einrichtung jede Explosionsgefahr ausschließt. Als tragbare Beleuchtung dürfen nur Davy'sche Sicherheitslampen benutzt werden.

Feuer oder Licht darf in den Lagerräumen nicht angezündet, auch darf daselbst nicht geraucht werden und ist die Aufstellung von Motoren unzulässig. Diese Verbote sind in augenfälliger Weise an den Eingangsthüren anzuschreiben;

f) die Lagerung kann ferner auf Höfen, in Gärten oder anderen umfriedeten Grundstücken erfolgen, sofern Vorkehrungen getroffen sind, welche Unbefugten den Zutritt verwehren und wenn das Ausfließen der Flüssigkeiten entweder durch eine Umfassung aus undurchlässigem, feuerfestem Material oder durch Lagerung in Gruben verhindert wird. Die Lagerung hat derartig stattzufinden, daß zwischen den zu lagernden Stoffen und zwischen nicht massiven oder von Oeffnungen durchbrochenen Wänden ein freier Raum von mindestens 1,50 m verbleibt;

g) die Lagerung von den im § 1 aufgeführten Stoffen zusammen mit anderen leicht brennbaren Materialien oder Gegenständen in gemeinschaftlichen Räumen ist verboten.

§ 3.

In den dem Publikum zugänglichen Verkaufsräumen dürfen die im § 1 erwähnten Stoffe nur in Mengen von höchstens 15 kg und nur innerhalb einer dem Publikum nicht zugänglichen, stets verschlossen zu haltenden Umwährung aufbewahrt werden. Auch zu dieser Lagerung ist eine besondere polizeiliche Genehmigung erforderlich. Es empfiehlt sich, den Aufbewahrungsraum möglichst kühl zu halten.

§ 4.

In anderen als den zu §§ 2 und 3 erwähnten Räumen dürfen nicht mehr als zusammen 3 kg der im § 1 bezeichneten Stoffe aufbewahrt werden. Zur Aufbewahrung dieser Menge bedarf es polizeilicher Erlaubniß nicht.

§ 6.

Der Transport von Glasballons, welche die im § 1 bezeichneten Stoffe enthalten, mittelst Wagen ist nur unter Beobachtung folgender Vorsichtsmaßregeln gestattet:

a) Die Ballons müssen mit Stroh, Heu, Kleie, Sägemehl, Infusorienerde oder ähnlichen lockeren Substanzen in starken Holzkisten oder einzeln in festen, mit einer gut befestigten Schutzdecke versehenen und mit hinreichendem Verpackungsmaterial ausgefütterten Körben oder Kübeln fest verpackt sein;

b) jeder Wagen muß außer dem Kutscher von einer erwachsenen Person begleitet sein;

c) die Wagen dürfen nur im Schritt fahren.

§ 7.

Auf die bereits vorhandenen Lagerräume der im § 1 aufgeführten Stoffe findet diese Verordnung nur insoweit Anwendung, als es das öffentliche Sicherheitsinteresse unbedingt erfordert.

§ 8.

Uebertretungen dieser Verordnung werden, sofern nicht die Bestimmungen des Reichs-Strafgesetzbuches, insbesondere § 367 Nr. 6 desselben, Anwendung finden, mit Geldstrafe bis zu 60 Mark bestraft.

§ 9.

Vorstehende Verordnung tritt mit dem Tage der Verkündigung in Kraft.

Berlin, den 30. April 1891.

Der Polizei-Präsident.
von Richthofen.

VIII. Bekanntmachung, betreffend den Verkehr mit Giften.[1])

(Nordd. Allg. Ztg. 1896 Nr. 197.)

Auf Grund des § 18 der Polizeiverordnung, betreffend den Handel mit Giften vom 24. August 1895,

---

[1]) Die Provinzialbehörden sind im Allgemeinen den gesetzgeberischen Anregungen der Berliner Polizeibehörde gefolgt. Die obigen Bestimmungen finden daher auch in den Provinzen für die Regel Verwendung. Ueber einzelne Abweichungen sind die betreffenden amtlichen Publikationen in den dafür bestimmten Blättern zu vergleichen.

wird nachstehend der Wortlaut der Belehrung über die Gefahren bei Anwendung giftiger Ungeziefermittel veröffentlicht:

1. Für Arsen und arsenhaltige Präparate, insbesondere Schweinfurter Grün.

„Vorsicht!! Starkes Gift!!"

Aufbewahrung: Man kaufe nur geringe Mengen auf einmal und bewahre sie unter Verschluß fern von Nahrungs- und Genußmitteln, nie in der Küche auf.

Gebrauch: In Schlaf- und Kinderstuben nicht verwendbar. Beim Ausstreuen hüte man sich vor Einathmen des Pulvers, wasche die Hände nach dem Gebrauch und vernichte die Reste im Behälter durch Feuer.

Vergiftungszeichen: Choleraähnlich. Durst. Leibschmerz. Erbrechen. Durchfall.

Gegengift: 1. Brechmittel aller Art, Reizung des Schlundes 2. Kalkwasser in Verbindung mit Milch und Eiweiß. 3. Das in jeder Apotheke vorräthige Arsengegengift. — Aerztliche Hilfe!

2. Für Phosphorpillen.

„Vorsicht!! Starkes Gift!!"

Aufbewahrung: Man kaufe nur geringe Mengen auf einmal und bewahre sie unter Verschluß fern von Nahrungs- und Genußmitteln, nie in der Küche auf.

Gebrauch: Zur Vertilgung von Ratten und Mäusen lege man die Pillen in die Löcher. Muß man sie offen auslegen, so wähle man Stellen, die thunlichst für Kinder unzugänglich sind, lege nur Nachts aus und sammle Morgens die Reste. Nach jedem Gebrauch wasche man die Hände. Reste und Behälter sind in den Abort zu werfen.

Vergiftungszeichen: Erbrechen, Durst, Leibschmerz, Durchfall, Ohnmacht. Das Erbrechen leuchtet im Dunkeln und riecht Athemluft und Stuhl nach Knoblauch.

Gegengifte: 1. Brechmittel aller Art, Reizung des Schlundes. 2. Altes Terpentinöl vom nächsten Apotheker nach dessen Vorschrift. — Aerztliche Hilfe! — Zu vermeiden: Ricinusöl, Milch, Oele, Fette.

3. Für Phosphorpaste, Phosphorlatwerge, Phosphorbrei:

„Vorsicht!! Starkes Gift!!"

Aufbewahrung: Man kaufe nur geringe Mengen auf einmal und bewahre sie unter Verschluß, fern von Nahrungs- und Genußmitteln, nie in der Küche auf.

Gebrauch: Der Brei ist auf Brot oder Schinkenschwarte gestrichen zur Vertilgung von Ratten und Mäusen in die Löcher einzubringen. Muß man das Gift frei auslegen, so beschränke man den Gebrauch auf die Nachtstunden und auf Stellen, welche für

Kinder unzugänglich sind und sammle am Morgen die Reste. Holzspäne, Behälter und Reste werfe man in den Abort. Nach jeder Hantirung mit dem Gift wasche man die Hände.

Vergiftungszeichen: Erbrechen, Durst, Leibschmerz, Durchfall, Ohnmacht. Das Erbrechen leuchtet im Dunkeln und riecht Athemluft und Stuhl nach Knoblauch.

Gegengifte: 1. Brechmittel aller Art, Reizung des Schlundes. 2. Altes Terpentinöl vom nächsten Apotheker nach dessen Vorschrift. — Aerztliche Hilfe! — Zu vermeiden: Ricinusöl, Milch, Oele, Fette.

4. Strychninweizen:

„Vorsicht!! Starkes Gift!!“

Aufbewahrung: Man kaufe nur geringe Mengen auf einmal und bewahre sie sorgfältig unter Verschluß, fern von Nahrungs- und Genußmitteln, nie in der Küche auf.

Gebrauch: Der Weizen ist in die Mäuselöcher zu schütten. Müssen die Körner frei ausgelegt werden, so wähle man Stellen, welche Kindern unzugänglich sind, lege nur Nachts aus und sammle am Morgen die Reste. Reste und Schachteln sind zu verbrennen.

Vergiftungszeichen: Unruhe, Ameisenkriechen, Kurzathmigkeit, Schlingbeschwerden, Zucken in Armen und Beinen, Steifheit der Glieder, Starrkrampf.

Gegengifte: 1. Fortwährendes Herumführen. Der Patient soll nicht ruhen. 2. Bei Starrkrampf künstliche Athmung. — Aerztliche Hilfe!!

Diese Belehrungen sind auf feuerrothem Papier gedruckt den Packungen beizugeben.

Berlin, den 22. April 1896.

Der Polizei-Präsident.
von Windheim.

IX. Polizeiverordnung, betreffend den Verkehr mit Arzneimitteln, Drogen und Verbandstoffen, außerhalb der Apotheken.

(Nordd. Allg. Ztg. 1897.)

Auf Grund der §§ 143 und 144 des Gesetzes über die allgemeine Landesverwaltung vom 30. Juli 1883 (Ges.S. S. 195 ff.) und der § 5 ff. des Gesetzes über die Polizei-Verwaltung vom 11. März 1850 (Ges.S. S 265) wird hierdurch unter Zustimmung des Gemeindevorstandes für den Verkehr mit Arzneimitteln, Drogen und Verbandstoffen im Stadtkreise Berlin Folgendes verordnet:

§ 1.

Wer mit Arzneimitteln, Drogen und Verbandstoffen, soweit deren Verkauf außerhalb der Apotheken gestattet ist, Handel treiben will, hat dies dem zuständigen Polizei-Revier unter Angabe der Zahl und Lage der Geschäftsräume anzuzeigen.

Desgleichen ist jede Verlegung des Geschäftes sowie die Aufgabe desselben vorher anzumelden.

§ 2.

Die Räume, in welchen die in § 1 bezeichneten Waaren aufbewahrt oder feilgehalten werden, müssen hell und geräumig, sauber und gelüftet sein.

In anderen als den dem Polizei-Revier bekannt gegebenen Räumen dürfen diese Waaren nicht aufbewahrt werden.

§ 3.

Die Behälter, in denen die Waaren verwahrt werden, müssen dicht, gut verschlossen, sauber und ihrem Inhalt entsprechend mit deutschen Namen, neben dem eine lateinische Bezeichnung in kleineren Buchstaben statthaft ist, bezeichnet sein. Jedes Behältniß darf nur einerlei Waare enthalten.

Die Behälter sind geordnet und getrennt von den übrigen Waaren, insbesondere von Nahrungs- und Genußmitteln, aufzustellen.

Alle Behälter und Umhüllungen, in denen die durch die Kaiserliche Verordnung vom 25. November

1895 dem freien Verkehr überlassenen Thierheilmittel aufbewahrt, feilgehalten oder abgegeben werden, müssen die deutliche, unabnehmbare Inschrift:

„Nur für Thiere"

tragen.

§ 4.

Wer den vorstehenden Bestimmungen zuwiderhandelt oder den durch diese Verordnung ihm auferlegten Verpflichtungen nachzukommen unterläßt, wird, insoweit nicht nach den sonstigen Gesetzesbestimmungen eine strengere Bestrafung verwirkt ist, mit Geldstrafe von 10 bis 30 Mark oder entsprechender Haft bestraft.[1])

Verdorbene, sowie durch die Kaiserliche Verordnung vom 27. Januar 1890 dem freien Verkehr entzogene Waaren können, wenn sie in der Behausung der Gewerbetreibenden angetroffen werden, vernichtet werden.[2])

---

[1]) Diese Bestimmung ist nur mit der Maßgabe rechtsgültig, daß die Minimalstrafe nicht 10, sondern 1 Mark beträgt, § 27 R.St.G.B.

[2]) Die Einziehung giftiger Waaren entweder bei mangelnder Giftkonzession oder wenn dieselben zugleich zu den verbotenen Arzneimitteln im Sinne der Kaiserlichen Verordnung vom 27. Januar 1890 gehören, ist auf Grund des § 40 R.St.G.B. zulässig. Nicht zulässig dagegen ist die Einziehung ungiftiger Waaren, wenn es sich nur um Uebertretungen handelt. Mit dieser Beschränkung ist § 4 Absatz 2 rechtsgültig. Vgl. auch Anmerkung 3 S. 40.

Die Frage der Untersagung des Gewerbebetriebes auf Grund § 35 der Gewerbeordnungsnovelle vom 6. August 1896 wird hierdurch nicht berührt.

§ 5.

Diese Verordnung tritt mit dem 1. Juli ds. Js. in Kraft.

Berlin, den 10. Mai 1897.

Der Polizei-Präsident.

In Vertretung.

Friedheim.

X. Geschäftsanweisung für die Revision der Drogen- und Gifthandlungen.

(Pharmaceutische Zeitung.)

1. Verkaufsstellen, an welchen Arzneimittel, Gifte und Verbandstoffe im Kleinhandel feilgehalten und verkauft werden, müssen jährlich mindestens einmal revidirt werden.

Geschäfte, welche lediglich Großhandel mit diesen Artikeln treiben, sowie Fabriken chemisch-pharmaceutischer Präparate und von Giftstoffen, müssen mindestens alle zwei Jahre einmal revidirt werden.

2. Die Revisionen werden ausgeführt nach Maßgabe der betreffenden Ministerialerlasse an der Hand der vorgeschriebenen Formulare.

3. Die Revision soll nicht vor 8 Uhr Vormittags und nicht nach 7 Uhr Nachmittags beginnen.

Die Revisoren haben sich dem Inhaber des zu revidirenden Geschäftes bezw. dem Stellvertreter desselben gegenüber durch Vorlegung der angeschlossenen Vollmacht zu legitimiren.

Sie sind verpflichtet, am Ende der Revision einen Beamten des zuständigen Polizeireviers hinzuzuziehen, falls der zur Unterfertigung des Verhandlungsprotokolles Verpflichtete dies ausdrücklich verlangt oder falls durch das Verhalten der Revidenden im regelmäßigen Ablauf der Besichtigung Störungen eintreten.

4. Durch die Revisionen soll festgestellt werden, ob

a) die Bestimmungen des § 34 Reichsgewerbeordnung und des § 49 des Gesetzes, betreffend Abänderung einiger Bestimmungen der Allgemeinen Gewerbeordnung vom 17. Januar 1845, vom 22. Juni 1861 Ges.-S. S. 441 (Vergehen gegen § 147, 1 Reichs-Gew.-Ordnung),

b) die Bestimmungen der Polizeiverordnung vom 24. August 1895 (Uebertretung von § 367, 5 R.Str.G.B.),

c) die Bestimmungen der kaiserl. Verordnung vom 27. Januar 1890 und 25. November 1896 (Uebertretung von § 367, 3 Reichs-Straf-Ges.B.),

d) die Bestimmungen der Polizeiverordnung vom 10. Mai 1897, betreffend den Verkehr mit Drogen, Arzneimitteln und Verbandstoffen beobachtet sind,

e) ob die zu Heilzwecken vorräthigen Waaren eine Beschaffenheit haben, welche eine Gesundheitsschädigung des Konsumenten nicht befürchten läßt,

f) ob Ordnung und Reinlichkeit soweit in dem Geschäfte vorhanden sind, daß eine Gefahr für Leben und Gesundheit der Menschen ausgeschlossen ist.

Es kommt nicht darauf an, jede vereinzelte Uebertretung zur Anzeige und strafrechtlichen Verfolgung zu bringen. Vielmehr ist der Zweck der Revision die Beseitigung von Winkelapotheken und die Herstellung der Sicherheit im Verkehr mit Giften u. s. w. außerhalb der Apotheken.

Daher können, falls der Gesammteindruck des Geschäftes nach dieser Richtung hin ein günstiger ist, kleinere, unwichtigere Uebertretungen und Verstöße durch mündliche Verwarnungen seitens der Revisoren als erledigt betrachtet werden und sind Beanstandungen, deren Rechtmäßigkeit nicht völlig zweifelsfrei ist, nicht in das Protokoll aufzunehmen, sondern im Anschreiben der

Entscheidung der Abtheilung I zu unterbreiten.

Bei zahlreichen oder groben Verstößen ist in dem Anschreiben ersichtlich zu machen, ob eine Ahndung durch schriftliche Verwarnung, Polizeistrafe oder richterliche Strafe angezeigt erscheint oder ob die Voraussetzungen für ein Verfahren zur Untersagung des Gewerbebetriebes gemäß § 35 Reichs-Gew.-Ordnung u. s. w. vorliegen.

5. Verweigert der zur Unterfertigung des Verhandlungsprotokolles Verpflichtete die Unterschrift, so ist unter Zuziehung eines Beamten des zuständigen Polizeireviers sein Protest zu Protokoll zu nehmen und ihm zur Unterschrift vorzulegen.

6. Arzneimittel, deren Verkauf nur den Apotheken gestattet ist, werden unbrauchbar gemacht, falls der Geschäftsinhaber bezw. sein Vertreter nicht Widerspruch erhebt. Die Vernichtung kleinerer Vorräthe erfolgt an Ort und Stelle, größere Vorräthe müssen den Revieren zur Weiterbeförderung an die Vernichtungsstelle — Apotheke des Herrn Dr. Laux, Prenzlauerstraße 45 — übergeben werden. Erhebt der Geschäftsinhaber gegen die Vernichtung Widerspruch, so ist das Revier mit dem Antrage zu requiriren, die qu. Mittel als der Einziehung unterliegend oder als Beweismittel der Uebertretung gemäß § 94 R.Str.P.O. sicher zu stellen, bezw. in Verwahrung zu nehmen.

In gleicher Weise ist zu verfahren, wenn die Voraussetzungen zur Vornahme von Durchsuchungen oder Beschlagnahmen (§§ 98 und 102 ff. der R.Str.P.O.) vorliegen. Der Antrag ist in diesem Falle indessen nachträglich schriftlich aus den qu. Paragraphen der R.Str.P.O. dem Polizeipräsidium gegenüber zu motiviren.

7. Die Revisionen sind unter Vermeidung von weitläufigen Auseinandersetzungen auszuführen. Einwendungen der Revidenden ist mit dem Hinweise zu begegnen, daß ihnen das Recht frei steht, die Einwendungen zu Protokoll zu geben oder in besonderer Eingabe dem Polizeipräsidium vorzutragen.

8. Das Ergebniß der Revision bezw. Durchsuchung ist in die Listen einzutragen, welche nach den Reviermeldungen bezw. den Anzeigen der Geschäftsinhaber sowie den Mittheilungen des Polizeipräsidiums auf dem Laufenden zu halten sind.

9. Die vom Polizeipräsidium verlangten Gutachten und Aeußerungen, insbesondere der Jahresbericht über das Gesammtergebniß der Revisionen, sind von den Revisoren zu den vom Polizeipräsidium festgesetzten Terminen zu liefern.

10. Die Revisoren sind zur Amtsverschwiegenheit verpflichtet und dürfen über ihre Amtsthätigkeit Nichts publiziren.

Sie dürfen weder in Apotheken oder Drogerien thätig noch Mitglied eines Standesvereins der

Apotheker oder Drogisten sein. Die Uebernahme von Nebenämtern ist dem Polizeipräsidium anzuzeigen.

11. Die Revisoren haben die ihnen vom Polizeipräsidium zugestellten Verfügungen u. s. w. aktenmäßig zu sammeln.

Berlin, den 9. Juli 1897.

Der Polizeipräsident.
In Vertretung: gez. Friedheim.

XI. Bescheid betr. die Stellvertretung im Gifthandel.

(Deutsche Drogisten-Ztg. 1897.)

Berlin, den 10. Oktober 1897.

Auf die gefällige Eingabe vom 12. September d. Js. gereicht dem Verein junger Drogisten zum Bescheide, daß gemäß §§ 34 Absatz 3, 45 und 47 der Reichsgewerbeordnung, dem dazu ergangenen Beschluß des hiesigen Stadtausschusses vom 7. Mai 1896, ferner § 61 der Preußischen Gewerbeordnung vom 17. Januar 1845 (Gesetz-Sammlung Seite 41 ff.) und der dazu erlassenen Novelle vom 22. Juni 1861 (Gesetz-Sammlung Seite 442) lediglich die Stellvertreter im Gewerbebetriebe der Gifthändler denselben Anforderungen genügen müssen, welche an die selbständigen Gewerbetreibenden gestellt werden. Als „Stellvertreter“ wird aber nur derjenige angesehen, welcher das Gewerbe oder einzelne Zweige desselben für Rechnung und im Namen eines anderen, im übrigen aber selbständig verwaltet und den Gewerbsinhaber nach außen vertritt, insbesondere die auf das Gewerbe bezüglichen Rechtsgeschäfte für denselben abschließt. Die Stellung der übrigen in einem Geschäfte thätigen Gehilfen gegenüber den polizeilichen Vorschriften regelt sich lediglich nach § 151 der Reichsgewerbeordnung.

von Windheim.

XII. Bekanntmachung, betreffend die Führung von Titeln u. s. w.

(Pharmaceutische Ztg. 1898.)

Gegenüber den Bezeichnungen und Reklamen von Medizinalpersonen (der Aerzte, Zahnärzte, Apotheker, Hebammen, Heilgehilfen, Gifthändler, Drogisten, Unternehmer von Privatkranken-, Privatentbindungs- und Privatirrenanstalten, sowie der Kurpfuscher) ist in Zukunft nach folgenden Grundsätzen zu verfahren:

1. pp.

2. Personen, welche ohne approbirt zu sein, sich zur gewerbsmäßigen Ausübung der Heilkunde öffentlich erbieten, ist die Führung des Titels „Arzt", Wundarzt", „Augenarzt", „Geburtshelfer", „Zahnarzt", „Thierarzt" oder ähnlicher Titel unter-

sagt, sofern dadurch der Glaube erweckt wird, als wären sie geprüfte Medizinalpersonen. Als unzulässig werden hier betrachtet z. B. prakt. Naturheilkundiger, Naturarzt, Spezialist, Spezialfrauenpraktiker, prakt. Vertreter der arzneilosen Heilkunde, Mitglied des deutschen Naturärztebundes, Hosp. med. Homöopath, Hydropath, Magnetopath, Elektrohomöopath, Direktor, Dir. Dagegen kann gegen diese und ähnliche Titel nicht eingeschritten werden, wenn sie mit Zusätzen versehen sind, aus welchen unzweideutig für jedermann erkennbar ist, daß der Inhaber nicht approbirt ist.

3. 4. pp.

5. In Drogenhandlungen ist die Führung der Bezeichnung Apotheker, Apotheke, cand. pharm. u. dgl., durch welche der Glaube erweckt werden kann, die Drogerie sei eine Apotheke, auch dann nicht zu dulden, wenn der Inhaber im Besitze einer Approbation als Apotheker oder entsprechender anderer Ausweise ist.

6. 7. pp.

8. Werden — laut Ziffer 1—7 — unzulässige Bezeichnungen oder Reklamen auf Schildern, Visitenkarten, Rechnungs- oder Rezeptformularen, Couverts, Geschäftspapieren, Emballagen und Kartonnagen, Etiketten, Annoncen, festgestellt, so ist der Inhaber zunächst protokollarisch auf das Unzulässige seiner Reklame aufmerksam zu machen und aufzufordern, die Ordnungswidrigkeit binnen 8 Tagen zu be-

seitigen. Kommt er dieser Aufforderung nicht nach, so ist Anzeige an Abtheilung I zu erstatten. Das Letztere gilt auch für alle sonstigen im Vorstehenden nicht ausdrücklich angeführten Bezeichnungen, welche den Revieren Anlaß zu Bedenken hinsichtlich ihrer Zulässigkeit geben sollten.

Berlin, den 12. Februar 1898.

Der Polizeipräsident.

XIII. Bekanntmachung.

(Nordd. Allg. Ztg. 1898.)

Um den nicht chemisch vorgebildeten Farbenhändlern die Befolgung der Bestimmungen der Ministerialverordnung über den Handel mit Giften vom 24. August 1895 zu erleichtern, habe ich durch den Drogerien-Revisor Dr. Lebbin eine möglichst vollständige Zusammenstellung der zur Zeit im Handel gebräuchlichen Bezeichnungen giftiger und ungiftiger Farben anfertigen lassen. Diese bei Richard Schoetz, Louisenstraße Nr. 36, jetzt erschienene Zusammenstellung: „Die Giftigkeit der Farbwaaren im Sinne der Ministerialverordnung vom 24. August 1895", Preis M. 1.50 wird in Zukunft den Revisionen zu Grunde gelegt werden.

Berlin, den 16. März 1898.

Der Polizei-Präsident.
(gez.) v. Windheim.

XIV. Bekanntmachung, betreffend die Abgabe von Sublimatpastillen.

(Nordd. Allg. Ztg. 1898.)

Sublimatpastillen dürfen auch zu Desinfektionszwecken nur in Apotheken auf ärztliche Verordnung abgegeben werden. (Vergl. Verordnung, betreffend den Verkehr mit Arzneimitteln, vom 27. Januar 1890 [R.G.Bl. S. 9], Verzeichniß A Ziffer 9; Bekanntmachung über die Abgabe stark wirkender Arzneimittel u.s.w. vom 22. Juni 1896 [R.-Anz. vom 30. Juni 1896, Nr. 154, Beil.] § 1).

Berlin, den 12. September 1898.

Der Polizei-Präsident.

J. V.: Friedheim.

Sachregister.

Die Zahlen bedeuten die Seiten.

A.

B.

C.

D.

Druck von Otto Walter in Berlin S.

FSC
www.fsc.org
MIX
Papier | Fördert gute Waldnutzung
FSC® C083411

Kolibri 360 GmbH
Ferdinand-Jühlke-Straße 7
99095 Erfurt, Deutschland
produktsicherheit@kolibri360.de